MOMENTOS DECISIVOS

Como aliar os seus propósitos e valores para vencer os desafios que o levarão ao sucesso

CARO(A) LEITOR(A),
Queremos saber sua opinião sobre nossos livros.
Após a leitura, siga-nos no
linkedin.com/company/editora-gente,
siga-nos no TikTok **@editoragente** e
no Instagram **@editoragente**
e visite-nos no site
www.editoragente.com.br.
Cadastre-se e contribua com sugestões, críticas ou elogios.

DIEGO RIBAS
CAHÊ MOTA

MOMENTOS DECISIVOS

Como aliar os seus propósitos e valores para vencer os desafios que o levarão ao sucesso

**PREFÁCIO DE
GALVÃO BUENO**

**APRESENTAÇÃO DE
RONALDO
"FENÔMENO"
NAZÁRIO**

Diretora
Rosely Boschini

Gerente Editorial
Carolina Rocha

Editora
Audrya de Oliveira

Assistente Editorial
Giulia Molina

Produção Gráfica
Fábio Esteves

Assessoria de Planejamento
Rafael Cotta

Preparação
Algo Novo Editorial

Capa
Gabriel Goulart Gonzalez

Foto de capa
André Mourão / Foto FC

Projeto Gráfico e Diagramação
Gisele Oliveira

Revisão
Amanda Oliveira

Impressão
Gráfica Terrapack

Copyright © 2021 by Diego Ribas e Cahê Mota
Todos os direitos desta edição são reservados à Editora Gente.
Rua Natingui, 379 – Vila Madalena
São Paulo, SP – CEP 05443-000
Telefone: (11) 3670-2500
Site: www.editoragente.com.br
E-mail: gente@editoragente.com.br

Este livro foi impresso em papel pólen bold 70 g/m² em setembro de 2023.

Dados Internacionais de Catalogação na Publicação (CIP)
Angélica Ilacqua CRB-8/7057

Ribas, Diego
    Momentos decisivos : como aliar os seus propósitos e valores para vencer os desafios que levarão ao sucesso / Diego Ribas, Cahê Mota ; prefácio de Galvão Bueno ; apresentação de Ronaldo "Fenômeno" Nazário. – 2. ed. -São Paulo : Editora Gente, 2023.
    224 p.

ISBN: 978-65-5544-356-1

1. Ribas, Diego, 1985 - Biografia 2. Jogadores de futebol - Brasil - Biografia 3. Sucesso 4. Autorrealização I. Título II. Mota, Cahê III. Bueno, Galvão, 1950- IV. Ronaldo, 1976-

| 23-3572 | CDD 927.96334 |

Índices para catálogo sistemático:
1. 1. Ribas, Diego - Biografia

NOTA DA PUBLISHER

Quando eu conheci o Diego, pensei que não havia pessoa melhor para falar sobre as mudanças, desafios e instantes de decisão que a vida coloca em nosso caminho durante o nosso caminhar profissional, principalmente por saber que ele construiu uma carreira de sucesso superando obstáculos complexos em sua trajetória, algo que encontramos em qualquer profissão. Sabe, são pouquíssimas as pessoas que conseguem conquistar o sonho de se tornar um atleta profissional, e menor ainda é o número de quem consegue ser expoente nessa área, representando o Brasil nos campos mundo afora. Mas uma coisa Diego e todos os vencedores têm em comum: atitude e vontade de agir diante aos *Momentos decisivos* – aqueles segundos que definem o sucesso ou o fracasso da nossa jornada.

O que muitos profissionais levaram a vida toda para vivenciar em suas carreiras (mudanças de jornada, cobranças em escala nacional, choque cultural, bloqueios, impasses com a gestão, problemas de saúde, ascensão e queda bruscas, concorrência acirrada...), o Diego viveu em pouco mais de duas décadas.

O mais admirável é que ele conseguiu não apenas superar todos esses obstáculos, mas também desenvolveu uma mentalidade campeã que o ajudou ao longo de todo o seu crescimento dentro e fora do campo. E neste livro ele nos entregou um presente: o seu legado.

Então, embarque de coração aberto nestas páginas, absorva toda a visão de coragem, resiliência e força de um capitão que é líder em todas as áreas de sua vida e encontre, aqui, a inspiração necessária para encarar de frente os momentos de decisão e abraçar o sucesso em seu caminho.

**Rosely Boschini – CEO &
Publisher da Editora Gente**

> Dedico este livro a todos vocês, leitores, que aceitaram meu convite e mergulharam na minha história. Vocês são parte fundamental do meu propósito de compartilhar experiências para contribuir de alguma forma com o crescimento profissional de cada um.
> — **Diego Ribas**

> Dedico este livro ao meu avô Heraldo (in memoriam) e ao meu filho Benjamin. Vida que se renova com alicerce e propósito.
> — **Cahê Mota**

AGRADECIMENTOS

Agradeço a Deus que até aqui me amparou e através de Sua palavra, me confortou e encorajou quando eu mais precisei.

Quero agradecer a todos que foram citados nesse livro. Aqueles que ajudaram e facilitaram, mas também os que me contrariaram e dificultaram a minha caminhada. De alguma forma, todos vocês contribuíram para o meu desenvolvimento.

Obrigado ao meu pai, Djair, à minha mãe, Cecília, e às minhas irmãs, Daiane e Djenane, que me fizeram me sentir amado, protegido e respeitado desde quando eu nasci. Vocês são a base de tudo!

Gratidão aos meus cunhados, Leandro e Danilo, que trouxeram ainda mais amor para nossa família e nos presentearam com sobrinhos maravilhosos, Manuela, Caue, Sofia e Enrico.

Obrigado à minha querida esposa e amiga Bruna que me olha com brilho no olhar desde que a conheci há mais de 20 anos, e, por meio de suas palavras e atitudes constantes, me transmite amor, coragem e poder. Sem você eu não teria vivido os melhores momentos da minha vida, meu amor! Obrigado!

Obrigado aos meus queridos filhos, Davi, Matteo e Leticia, bençãos de Deus. Cada um com seu jeito e caraterísticas diferente, mas que me encantam a cada dia e me fazem sentir o pai mais feliz desse mundo!

Obrigado aos meus amigos de coração que estiveram ao meu lado nos momentos difíceis, mas que, principalmente, souberem compartilhar e potencializar o meu sorriso nos momentos de alegria.

Uau, termino esse texto com as lágrimas escorrendo pelo meu rosto! Quantas pessoas maravilhosas Deus colocou na minha vida! Gratidão tem poder e ela toma conta do meu coração!

— **Diego Ribas**

"Sonho que se sonha só, é só um sonho. Mas sonho que se sonha junto é realidade."[1] A frase de Raul Seixas pode soar clichê para alguns, piegas para outros, mas retrata a minha caminhada.

Agradeço à minha mãe, Rita Gonçalves, pelo apoio irrestrito, pelo entusiasmo, pelo direcionamento e pela vibração em momentos em que a frieza do profissionalismo me impediu de desfrutar conquistas. Agradeço aos meus irmãos, Alice e João Pedro, pela parceria e pelo senso de responsabilidade de me tornar um exemplo. Ao meu sobrinho, Lucas, por ser a pureza em forma de sorriso que me reconectou ao lado humano dos jogadores de futebol. Agradeço ao meu pai, Márcio Mota, pela convicção dos princípios. Aos tios, tias, primos e amigos que me conectam diariamente com as minhas origens.

Agradeço, especialmente, à minha esposa, Janine Dal Prá, que me deu a mão em momentos em que a missão de escrever um livro parecia inviável. Ela se desdobrou como mulher e como mãe, e permitiu que eu superasse o desafio do tempo. E agradeço, acima de tudo, ao meu filho Benjamin. Este livro é uma inspiração para que, no futuro, ele mergulhe ainda mais no que seu pai construiu por meio do trabalho.

Quero deixar registrada também minha gratidão ao Diego e a sua esposa Bruna pela confiança. Que Davi, Matteo e Letícia saibam um pouco mais da própria história ao ler estas linhas.

Cresci lendo a frase "Sonhos: acredite neles!" Acreditei e ousei realizar sonhos que sequer pensei em viver. Muito obrigado!

— **Cahê Mota**

---

[1] PRELÚDIO. Intérprete: Raul Seixas. Compositor: Raul Seixas. *In*: Gîtâ. [s.l.] Philips/Universal Music, 1974. Faixa 10.

SUMÁ

15 > prefácio de Galvão Bueno
Olha o que ele fez

19 > apresentação de Ronaldo "Fenômeno" Nazário

21 > introdução
Capitão do próprio destino

33 capítulo 1
A dor faz parte do sucesso

207 < capítulo 12
Reinventar-se para continuar vencendo

189 < capítulo 11
A resiliência transforma o sonho em realidade

177 capítulo 10
O reencontro com o propósito

>> **49**
capítulo 2
A descoberta do talento aponta caminhos

> **65**
capítulo 3
Ruptura da zona de conforto: sacrifícios e tentações

> **81**
capítulo 4
Oficialmente, um profissional do futebol

97
capítulo 5
Realização, dor e coragem caminham juntas

115
capítulo 6
O sonho idealizado pode ser diferente do sonho alcançado, mas ainda precisa ser sonhado

RIO

< **161**
capítulo 9
O equilíbrio entre o protagonista e o coadjuvante

< **147**
capítulo 8
Os riscos da mudança são a solução dos problemas

< **133**
capítulo 7
Quando uma porta se fechar, abra a outra!

PREFÁCIO DE GALVÃO BUENO
OLHA O QUE ELE FEZ

O cara não é camisa 10 à toa.

Fiquei muito feliz com o convite do Diego para que eu participasse, de alguma forma, deste novo desafio em uma vida tão vitoriosa.

Rapaz, aquele molequinho de Ribeirão Preto, que em 2002, aos 16 anos, encantou o Brasil ao lado de Robinho, no Santos, agora está lançando um livro!

E não é um livro qualquer. Assim como no futebol, Diego chegou na literatura para surpreender. E fez um golaço.

E por que eu me surpreendi?

Já li vários livros escritos por grandes nomes do esporte mundial. A maioria deles cumpre o papel de mergulhar na vida antes da fama, contar as dificuldades na infância, os caminhos que foram seguidos com sacrifício e determinação até se chegar à excelência da profissão.

Só que Diego inovou.

E foi além.

O filho do seu Djair e da dona Cecília sempre quis ser jogador de futebol. A decoração do seu quarto, em Ribeirão, era repleta de chuteiras e camisas de times. Perseguiu o sonho sem desistir, por mais que certas decisões, na época, possam ter parecido um passo atrás na vontade de jogar em um grande clube.

Assim como driblava adversários na escolinha do Comercial, Diego fintou o óbvio e escreveu um livro que extrapola, e muito, o universo fascinante do futebol. As páginas não servem apenas para o torcedor apaixonado conhecer histórias deliciosas de vestiário e gramado da carreira dele, não são apenas curiosidades e bastidores da vida boleira no Brasil, Portugal, Alemanha, Itália, Espanha e Turquia.

É muito mais.

É sobre sonhos. E como conquistá-los.

Da mesma forma que organiza e lidera um time em campo, Diego coleta suas experiências e as transforma em lições e reflexões que cabem como dicas para qualquer carreira ou atividade profissional. O livro ultrapassa as quatro linhas do gramado e atinge em cheio um dos maiores desejos humanos: o sucesso. Ambição presente em todos, seja qual for a idade ou o objetivo.

Quer saber?

Deu muito certo!

E, se alguém me contasse a ideia dele, antes mesmo de eu ler o livro, acreditaria que daria certo.

Conheci melhor o Diego em Mônaco, quando lá morava, em 2010. Ele jogava na Itália, na poderosa Juventus, e por vezes aproveitava as folgas na Vecchia Signora para descansar e passear no principado, ao lado da esposa Bruna. Ainda era um jovem casal sem filhos. Mas o capítulo Diego pai eu conto daqui a pouco.

Em Mônaco, jantamos, tomando bons vinhos... E o que sempre me impressionou, e comentei muito isso com minha mulher Desirée, era a maturidade do cidadão Diego.

Pensem comigo.

Já imaginaram, aos 16 anos, vestir a camisa que foi do rei Pelé no Santos, ser campeão brasileiro, ganhar as vitrines do país inteiro e, aos 19 anos, já desembarcar na Europa como uma das maiores revelações do futebol brasileiro?

Quantos não perderiam a cabeça e o rumo?

Diego não. Enfrentando ensinamentos, frustrações e sucessos, conquistou o respeito e a admiração por onde passou. Foi muito bem no Porto e, quando foi surpreendido por uma mudança de treinador, que o comunicou sobre um novo esquema tático sem lugar para ele, não abaixou a cabeça, não voltou para o Brasil, não abandonou o sonho e construiu uma trajetória brilhante. Ajudou a recolocar o Werder Bremen no cenário do futebol alemão, e brilhou no cálcio jogando por um dos clubes mais ricos e famosos do mundo, a Juventus. Diego voltou para a Alemanha pelo Wolfsburg, trabalhou lado a lado com o exigente treinador argentino Simeone no Atlético de Madrid, foi ídolo da apaixonada torcida turca do Fenerbahçe e, finalmente, hoje vive a glória de vestir a camisa 10 do Flamengo.

Não bastava a 10 do Pelé, agora o molequinho de Ribeirão veste a 10 de Zico!

E aí começa um capítulo à parte. Um capítulo de amor e identificação. O sotaque ainda não é carioca, o "erre" ainda é do interior paulista, mas o coração bate forte em vermelho e preto.

São cinco anos na nação rubro negra. E não é fácil encarar a pressão da maior torcida do país, da imprensa diária e dos bastidores borbulhantes do clube. Diego não só encarou o desafio como hoje é reconhecidamente uma liderança forte e respeitada por sócios, diretoria e torcedores. O Flamengo já é o time em que ele mais jogou na vida. O Flamengo já é o clube que mais lhe deu títulos inesquecíveis. O Flamengo é a camisa que mais lhe ensinou sobre paixão e profissionalismo.

Diego viveu a revolução de Jorge Jesus. E tem muita coisa para contar sobre esse período mágico. De como, inclusive, precisou calçar várias vezes as sandálias da humildade para convencer o Mister que ele era o capitão dos capitães.

Diego conquistou dois Brasileiros e uma Libertadores. E no livro, transforma essas vitórias em ensinamentos para quem precisa tomar decisões, para quem quer encarar o desafio profissional de ser bem sucedido, para quem quer vencer, não importa onde e quando.

Falando em desafio, o superpai de Davi e Matteo viu sua vida dar uma cambalhota maravilhosa com o nascimento de Letícia. Uma menina! No meio do caos da pandemia, a notícia que fez o agora também escritor Diego Ribas se derreter todo. Mais uma oportunidade de aprendizado.

Nunca é tarde para aprender sempre.

E Diego nos ensina isso.

Todos nós podemos esticar o braço e pedir a faixa de capitão!

Galvão Bueno
Empresário, narrador, radialista e apresentador esportivo brasileiro

APRESENTAÇÃO

Meu primeiro contato com Diego foi inusitado. Em 2003, eu estava em mais um dos muitos amistosos com a seleção brasileira e fui surpreendido em meu momento de descanso com batidas na porta do quarto da concentração. Ao abrir, me deparei dois garotos, olhos arregalados e sorriso aberto. Eram Diego e Robinho. Estavam em sua primeira convocação. Pediram desculpas, mas disseram que não conseguiram conter a ansiedade para me conhecer. Sorri de volta e recebi a dupla para um bate-papo de boas-vindas.

Todo aquele comportamento puro de garoto, dentro de campo, se transformou em personalidade. Mesmo entre aqueles que ele mesmo definia como ídolos e não escondia a admiração, com a bola nos pés, era um jogador pronto, cabeça em pé e seguro de si. Vi naquele menino um pouco do que fui dez anos antes. Também cheguei ao profissional aos 16 anos, com a camisa do Cruzeiro – mesma idade que Diego começou a se destacar pelo Santos.

Os anos passaram, o menino amadureceu e acompanhei à distância o seu crescimento. Em determinados momentos, nossos caminhos se cruzaram na Europa e me recordo de detalhar para um curioso Diego o que ele poderia encontrar no futebol italiano ou no Real Madrid, quando despertava o interesse de gigantes por seu talento.

Ver que aquele garoto habilidoso se transformou em uma figura de liderança com uma história inspiradora me alegra. Mais ainda ser apontado como ídolo e receber o convite para escrever essas palavras. Com toda certeza, aquele menino que bateu na porta do meu quarto 18 anos atrás cresceu e venceu. Já era de se imaginar.

Ronaldo "Fenômeno" Nazário
Empresário e ex-jogador de futebol,
é amplamente reconhecido como um dos
melhores futebolistas de todos os tempos

»

INTRODUÇÃO
CAPITÃO DO PRÓPRIO DESTINO

A magia do futebol encanta o mundo todo. A camisa 10 nas costas, fortalecida pela faixa de capitão, mexe com o coração de cada brasileiro que um dia se imaginou nessa situação. "*Quem não sonhou em ser um jogador de futebol?*" cantava o Skank na música "É uma partida de futebol", quando eu ainda esboçava meus primeiros passos. E é justamente pelo encantamento que o meu sonho realizado gera, no Brasil e no mundo, que decidi escrever este livro, para que você também permita-se sonhar, permita-se arriscar, permita-se vestir a camisa 10 e tornar-se capitão da própria história.

Os sonhos se renovam, nos desafiam e, acima de tudo, nos unem. Quando crianças, provavelmente muitos de nós dividimos o sonho de ser alguém de destaque. Poderia ser um super-herói, uma cantora ou, por que não, um jogador para vestir a camisa amarela da Seleção com o número 10 de Pelé. O sonho é genuíno, é lúdico, é também possível em nossa infância. Porém, o que ocorre com essa vontade de fazer acontecer conforme crescemos?

Esta obra, então, tem como intuito principal mostrar que, embora nossos sonhos tenham se transformado ao longo do tempo (e possam até parecer fantasias distantes), ainda temos o mesmo potencial de realização daqueles cuja jornada está apenas começando.

Esqueça-se de sua idade, de seus talentos ainda não desenvolvidos e do medo de errar. Nunca é tarde demais para começar, basta criar força para dar o primeiro passo rumo ao seu grande objetivo.

A jornada, claro, será longa. Não existem atalhos e as direções são diversas, bifurcadas. Seja você um atleta, um executivo, um empreendedor ou um profissional de outra área, todos lidamos com insegurança, competitividade, frustrações e pressões.

Os conflitos com os quais me deparei ao longo de vinte e cinco anos de construção de uma sólida carreira profissional são iguais aos que você encara diariamente. Eu falhei, me senti inseguro, precisei lidar com pessoas que estavam prontas para tornar manchete principal qualquer falha minha, tive de me provar com ações quando me faltaram palavras e também precisei agir estrategicamente para poder crescer em meio a vários outros talentos. Entenda que uma carreira profissional vai além de ser jogador de futebol, engenheiro, vendedor ou qualquer outra ocupação. Afinal, seja para passar no vestibular ou no teste para jogar em um grande clube; para cobrar um pênalti durante a final de um campeonato importante ou decidir qual investimento fazer para mudar os rumos de uma empresa; para lidar com uma dispensa do clube ou com uma demissão inesperada, e tantas outras situações que se apresentam em nossa carreira, há uma gama de habilidades que precisamos desenvolver e caminhos que devemos descobrir como percorrer.

Certa vez, ouvi Jorge Jesus, meu ex-técnico no Flamengo e um dos mais importantes da minha carreira, me dizer que estava decepcionado com a minha postura como líder. Era o início de sua passagem pelo clube, eu havia acabado de voltar de férias nos Estados Unidos, e um problema no voo me fez me reapresentar com um dia de atraso. Foi uma situação fora do meu controle, mas pouco importava para ele.

A reapresentação do elenco após a pausa para a realização da Copa América de 2019, no Brasil, estava marcada para o dia 20 de junho. Marquei meu voo para a véspera, com a certeza de que tudo ocorreria perfeitamente como planejado, mas fui surpreendido com problemas mecânicos na aeronave. Já tinha embarcado com minha família e achei estranho que o avião não decolava.

À medida que o tempo passava, comecei a ficar ansioso e preocupado justamente por conta da reapresentação. A expectativa pelo novo técnico era gigantesca e eu não podia me atrasar. Até que o piloto informou que todos deveriam desembarcar porque o voo estava cancelado e seríamos remanejados para o dia seguinte.

Naquele momento, fiquei sem chão. Busquei alternativas, fiz contatos, mas não tinha o que fazer. Não havia mais nenhum voo para o

Brasil naquela quarta-feira e o que me restou foi informar aos responsáveis pelo departamento de futebol do Flamengo que eu não poderia participar da reapresentação na data correta.

A preocupação em causar uma primeira boa impressão era óbvia. Além de conhecer o meu novo técnico, passei a maior parte da minha carreira na Europa e sabia como os europeus são rígidos com horário e disciplina. Só que eu não me planejei com antecedência. Poderia ter me resguardado e agendado o retorno para dias antes, mas fui ingênuo e não contei com algum imprevisto.

Na sexta-feira, dia 21, cheguei ao Ninho do Urubu e de imediato meus companheiros falaram que o homem ficou bravo. A reapresentação é um dia apenas para exames médicos, testes físicos e treinos leves com bola, mas a questão ali era a ausência da figura do capitão no primeiro dia de uma nova comissão técnica. Imagine um gerente faltar no dia em que um novo CEO assume a empresa? Pois é, eu estava mesmo em uma saia justa.

Cada um que eu encontrava nos corredores do centro de treinamento demonstrava, já pela expressão facial, que a situação com o Jorge Jesus não seria das mais fáceis. Eu não tinha passado nem de perto a melhor primeira impressão.

Tentei me explicar, mas a recepção não foi boa. Já tinha tentado fazer contato por mensagem e não obtive resposta. Tentei chegar até ele por meio de nosso gerente de futebol, mas a resposta foi de que estava ocupado e pediu para eu voltar depois. Que situação! Mas não tinha outro jeito, era preciso insistir. Até que depois de muito esperar, ele me recebeu.

Mal entrei na sala e já fui recebido com um puxão de orelha. Eu sequer tive tempo para trocar palavras amigáveis, sequer consegui sentir o tamanho do problema, e o Jorge Jesus disse que não esperava aquilo de um capitão, que aquilo não podia acontecer, que era algo inadmissível, que não importava a minha justificativa, que eu devia me precaver, que eu precisava dar o exemplo.

— Não estás a entender o que é ser o capitão da equipa. Como é possível, no meu primeiro dia de trabalho, o capitão não está? Que exemplo estás a dar para os seus companheiros? Não estás a entender que capitão, para mim, é um segundo treinador? Quando eu não puder tomar uma decisão, quem vai tomar é você. Como que faz isso? Não interessa o que aconteceu, devia sair dois dias antes.

Conforme eu tentava argumentar, ouvia palavras de repreensão. No que eu respirava para falar, ele já falava em cima. Foi quando me dei conta de que nada que fosse dito mudaria aquele cenário, e eu só conseguiria me redimir ao comprovar que estava apto para a minha função.

Eu levei semanas para conquistar a confiança dele. Se eu tinha atrasado no primeiro dia, nos outros eu tentei ser o primeiro a chegar. Fui aquele que treinou ainda mais forte, que deu o exemplo, como se espera de um capitão. A situação melhorou gradativamente e o relacionamento passou a ser mais cordial com a proximidade dos jogos em meados de julho, mas ainda assim eu andava sobre brasa.

Quatro meses depois, no entanto, em entrevista coletiva no início de novembro, o Mister, como ele gosta de ser chamado, me surpreendeu ao me apontar como um "capitão de mão cheia. Um dos maiores que tive." O meu comprometimento havia gerado resultado, enfim.

E é justamente isso que mostrarei a você nas muitas páginas que vêm pela frente. Aqui as palavras são necessárias para mostrar como você pode, assim como eu fiz em minha carreira, desenvolver atitudes que o tornem bem-sucedido em tudo o que faz na vida

Querem algo mais universal do que lidar com um chefe que fica com um pé atrás seja qual for o motivo? Nesse episódio com o Mister Jesus, foi algo que estava fora do meu controle e eu precisei encarar e dar a volta por cima da situação.

E foi assim que eu venci desde que saí de casa pela primeira vez para tentar a sorte no futebol. Por mais que a gente cuide dos detalhes para que nada saia errado, o inesperado nos coloca em situações em que é necessário ter coragem para tomar uma nova decisão, e isso inclui também saber a hora de mudar o caminho.

Descobri, ainda muito jovem, que a distância entre o sonho e a possibilidade de torná-lo realidade era muito mais dura do que o imaginado. Por vezes, quando crianças, somos elogiados e recebemos destaque por nossos talentos, mas nos falta preparo para o peso que é transformar essas habilidades em algo que efetivamente traga resultados e seja requisitado pelo mundo profissional.

Em meu universo, o mundo dos sonhos de vestir a camisa 10 é a realidade de poucas pessoas, e para fazer parte desse grupo seleto eu sempre precisei abrir mão de muita coisa. De início, por exemplo, do convívio familiar quando ainda nem tinha entrado na adolescência.

O sonho de ter sucesso desafia nossa capacidade de superar medos e traumas no caminho para um eldorado que, para a maioria, leva à frustração quando não se está preparado.

Estudos encomendados pela Confederação Brasileira de Futebol (CBF) apontam que, dos 360 mil atletas de futebol registrados, apenas 25% são profissionais.[2] A peneira é muito rígida, e ainda nos leva para uma realidade que está longe do Maracanã lotado que eu tenho o privilégio de vivenciar. Desses poucos que chegam ao profissionalismo, 55% recebem, em média, um salário-mínimo, enquanto 7% dos jogadores concentram 80% de toda remuneração de que se tem registro no Brasil.

É uma trajetória que muitas vezes dura uma década até a decepção do fim da linha, ainda nas categorias de base. Costumo dizer que a vida profissional é um confronto constante entre o prazer e a dificuldade, mas é justamente esse desafio que vai dar a certeza de que você realmente quer chegar até o seu objetivo.

Chega a ser óbvio falar que são pouquíssimos os que conquistam o sucesso tão sonhado como jogador de futebol – assim como na maioria das carreiras. Afinal, será que a sua realidade é diferente? O seu sonho profissional é menos difícil? A sua trajetória faz mais sentido e é mais controlável? Eu tenho certeza de que não. Para se ter ideia da realidade, um levantamento da consultoria IDados, feito em 2020, apontou que 40% dos brasileiros entre 22 e 25 anos que possuem diploma universitário ocupavam funções que sequer exigiam ensino superior.[3] Não importa se você é médico, advogado, vendedor ou autônomo, se você está aqui, lendo este livro, é porque tem a certeza de que chegar ao topo é extremamente desafiador. Mas também sabe que é possível.

---

[2] MOTTA, A. O jogo de sonhos e chances para promessas do futebol tornarem-se profissionais. **A Tarde UOL**, 12 jul. 2021. Disponível em: https://atarde.uol.com.br/muito/noticias/2176118-o-jogo-de-sonhos-e-chances-para-promessas-do-futebol-tornaremse-profissionais. Acesso em: ago. 2021.

[3] LIMA, B.; GERBELLI, L. G. No Brasil, 40% dos jovens com ensino superior não têm emprego qualificado. **G1 Globo**, 11 ago. 2020. Disponível em: https://g1.globo.com/economia/concursos-e-emprego/noticia/2020/08/11/no-brasil-40percent-dos-jovens-com-ensino-superior-nao-tem-emprego-qualificado.ghtml. Acesso em: ago. 2021.

Números do IBGE indicam que seis em cada dez empresas abertas no Brasil fecham em menos de cinco anos![4] Apenas uma a cada quatro tem durabilidade maior a dez anos. E todos esses números são de antes da pandemia de covid-19. Ou seja, a caminhada é árdua para todos. E quando tudo parece dar errado, você se vê numa bifurcação em que é preciso tomar uma decisão que dite o rumo de seus próximos anos.

> **EXISTE UM DOM NATURAL QUE TODOS TEMOS. NOSSAS ESCOLHAS VÃO DIZER PARA ONDE IREMOS.**[5]

O trecho da canção "Uma criança com seu olhar", de Charlie Brown Jr., ajuda a definir bem o peso das nossas decisões no desenvolvimento de uma carreira. A banda santista fez parte da minha vida na adolescência, foi trilha sonora de boa parte dos meus momentos de certezas e de dúvidas, ainda na base do Santos, e algumas frases do Chorão serão pinceladas ao longo desta obra para nos fazer refletir em momentos importantes.

Nestes vinte e cinco anos dedicados ao futebol, minha coragem sempre superou minhas dúvidas, e foi isso que me deu convicção para seguir em frente. Dizer não ao São Paulo, meu clube do coração, aos 11 anos, contrariou toda e qualquer lógica, mas eu tive coragem e maturidade para admitir que aquele ambiente que encontrei no meu primeiro teste não me traria nada melhor do que o que eu tinha no Comercial, clube no qual eu jogava em Ribeirão Preto, minha cidade natal.

É importante saber diferenciar a zona de conforto de um ambiente confortável. A forma como eu fui recebido fez com que o meu

---

[4] REDAÇÃO. Seis em cada dez empresas fecham em cinco anos de atividade, aponta IBGE. **Veja**, 17 out. 2019. Disponível em: https://veja.abril.com.br/economia/seis-em-cada-dez-empresas-fecham-em-cinco-anos-de-atividade-aponta-ibge/. Acesso em: ago. 2021.

[5] UMA criança com seu olhar. Intérprete: Charlie Brown Jr. Compositores: Chorão, Heitor, Pinguim, Thiago Castanho. *In*: Ritmo, ritual e respostas. Rio de Janeiro: EMI Music Brasil, 2007. Faixa 6.

bem-estar para desenvolver minhas aptidões fossem muito mais importantes do que a realização de vestir a camisa do meu ídolo Raí.

Imagine conseguir aquele cargo que sempre desejou, mas a forma como tratam você não o deixa confortável, tira sua felicidade. Ou um emprego no qual você se sinta na obrigação de estar ali, sem prazer algum no dia a dia, mas que pode garantir uma promoção. Quanto tempo é saudável viver assim? Fugir da zona de conforto, mesmo com foco no crescimento rápido, nem sempre significa aceitar condições que estão longe do que lhe dá prazer ao executar o seu trabalho.

Contudo, nenhuma situação é exatamente boa ou ruim, tudo depende de como a encaramos e de qual é o nosso momento de vida. Quando tomei a decisão de deixar o Santos, em 2004, aos 19 anos, dois dias depois de ser campeão da Copa América pela Seleção e conquistar o Mundial de Clubes, o Porto era o destino perfeito. Um clube campeão europeu, com brasileiros no elenco, em que idioma não seria problema... uma adaptação perfeita. A essa altura, o Werder Bremen, clube alemão, já tinha tentado minha contratação várias vezes, mas quem iria me convencer de que a Alemanha seria o melhor para mim?

Foi necessário um técnico me surpreender de uma hora para a outra em Portugal, dizendo que mudaria o esquema de jogo e não contava mais comigo. Como assim? Até ali, tudo tinha dado certo. Subi para o profissional do Santos com 16 anos, fui campeão brasileiro com 17, convocado para Seleção com 18 e campeão da Copa América com 19. Como eu estava fora dos planos de uma hora para outra?

❝ A VIDA ME ENSINOU A NUNCA DESISTIR. ❞ [6]

Porém, foi essa situação que me fez chegar ao Werder Bremen, clube que me proporcionou alguns dos meus melhores momentos na carreira. Lembra-se do que falei da relação constante entre o prazer e a dificuldade? Serão poucos os momentos em uma trajetória profissional em

---

[6] DIAS de luta dias de glória. Intérprete: Charlie Brown Jr. Compositores: Chorão; Thiago Castanho. *In*: Imunidade musical. Rio de Janeiro: EMI Music Brasil, 2005. Faixa 22.

que a satisfação por desempenhar sua função não virá acompanhada de uma situação de pressão ou até mesmo de uma mudança radical de rumo.

Pense em uma demissão repentina por corte de gastos, ou em um projeto que não deu certo porque o mercado se movimentou de maneira contrária. A realidade nos escancara essa constante e forçada mudança de rumo e o profissionalismo não nos dá opção: é encarar ou encarar. O que precisamos decidir é: **como vamos encarar**?

Em 2005, quando o técnico holandês Co Adriaanse me chamou para falar que não contava mais comigo, o caminho mais fácil seria retornar ao Brasil. De uma hora para outra, recebi a informação de que não estava mais nos planos do Porto por conta do esquema tático. A primeira temporada de relativo sucesso tinha se transformado em uma grande incógnita e o comandante deixou claro que nada que eu fizesse mudaria aquela decisão.

Se eu não servia mais para o Porto, praticamente poderia escolher onde jogar entre os grandes times do Brasil. Tive propostas para voltar para o Santos, sondagem do São Paulo e tantas outras conversas. Era o mais prático a se fazer, mas não o melhor. Foi nesse momento que eu tive realmente a certeza de que queria mais. Queria triunfar na Europa!

Não seria o desprezo de um técnico que não gosta de jogar com meias ofensivos que me faria desistir. A maneira como você absorve situações de alto impacto é o que vai determinar quem você será dali em diante. Certamente, cada episódio do Diego menino da Vila, sorridente, com aparelho nos dentes e espinhas no rosto, foi fundamental para moldar a liderança que pude exercer nos clubes pelos quais passei. É uma questão de escolha: fraquejar ou resistir. Na maioria das vezes, eu escolhi resistir.

Quando resistir não foi a escolha, aprender se tornou natural. Em uma trajetória profissional, é importante ter a consciência de que, muitas vezes, a escolha não será a correta e isso influenciará nas decisões que você tomará no futuro. Não insistir na Juventus, da Itália, em 2010, foi determinante para que eu continuasse em busca dos meus sonhos no Flamengo uma década depois. Assim, vamos nos reinventando a cada nova decisão.

Se tem uma coisa que não mudou desde o garoto que deixou Ribeirão Preto aos 11 anos é o fato de eu estar decidido a vencer. É um estado mental que me levou muito além do imaginado por mim na época, e também a atitude de sempre enfrentar as questões de peito aberto e cabeça erguida, mesmo durante as derrotas.

Para isso, é necessário se reinventar muitas vezes, mergulhar nas experiências e entender que só o talento não basta. É preciso estar disposto a ir além. Nem sempre é fácil perceber onde está esse "algo a mais". Identificar que a realização não dependia somente da minha capacidade de jogar futebol foi fundamental.

Quem verdadeiramente somos vale mais do que os rótulos, as conquistas. Na verdade, quem somos é o que nos leva a elas. É por sermos quem somos que vamos em busca das realizações, e isso é fundamental em todas as carreiras. O caráter da pessoa é o que reflete na postura do jogador, do engenheiro, do empresário, do dentista... Ninguém educa um filho dizendo: "Me obedeça porque eu sou campeão do mundo, da Libertadores, do Brasileirão", por exemplo, mas sim oferecendo suporte, amparo e bons exemplos.

Por isso eu enfatizo que a base de apoio fora do ambiente profissional foi o ponto-chave nesse meu processo de amadurecimento. O suporte que sempre encontrei na minha família foi determinante para que cada conquista fosse celebrada com os pés no chão e para que cada decepção tivesse um peso suportável.

Dos mais de 500 km no banco de trás do Palio, entre ida e volta para São Paulo, com expectativas e decepções do teste no meu clube do coração, até as horas de voo de Guayaquil ao Rio de Janeiro após a lesão mais grave da minha carreira, o apoio dos meus pais e o conforto da minha esposa e dos meus filhos foi fundamental para que eu tivesse convicção em meus passos. O trabalho em equipe começa em casa, e é imprescindível criar um ambiente assim para que haja desenvolvimento.

Veja bem, enquanto eu ainda estava no gramado do estádio George Capwell, do Emelec, com o som do estalo do osso do tornozelo quebrado ecoando nos meus ouvidos, minha mente se conectava com o Rio de Janeiro. A preocupação estava na reação dos meus filhos e da minha esposa, sem saber da gravidade do que acontecia ali e diante da televisão. Acalmá-los, ainda no vestiário no Equador, foi o ponto de partida para depois sonharmos juntos.

O pessoal impulsiona o profissional. A trajetória é o que valoriza o destino. E neste momento, convido você a refletir com o que eu desenvolvi e construí em vinte e cinco anos de uma carreira cheia de desafios, dúvidas, tomadas de decisão e realizações. Eu tenho certeza de que você poderá aproveitar essas lições e conseguirá aplicá-las em sua carreira para que sua jornada, assim como a minha, seja rumo ao topo! Vamos nessa?

QUEM VERDADEIRAMENTE SOMOS VALE MAIS DO QUE OS RÓTULOS, AS CONQUISTAS. NA VERDADE, QUEM SOMOS É O QUE NOS LEVA A ELAS.

PAPO DE VESTIÁRIO

No fim de cada capítulo, teremos este espaço para uma conversa mais direta sobre as suas expectativas para o futuro. Como se fosse um papo de vestiário mesmo, antes de entrar em campo para um grande jogo. Vamos falar sobre estratégia, processo de preparação até uma grande oportunidade e tomadas de decisão que vão direcionar o rumo da sua carreira.

Nessas primeiras linhas da introdução, passamos por situações que voltaremos a abordar mais profundamente nos capítulos que estão pela frente, com detalhes, bastidores e relatos de episódios em que tive medo de encarar realidades desfavoráveis. Neste início de conversa, quis mostrar a você como as tomadas de decisão que eu tive ao longo de minha carreira acabaram abrindo a minha mente para seguir outros rumos no futuro. Isso acontece com todos nós, e está em nossas mãos assumir as rédeas e tirar o melhor proveito possível.

CAPÍTULO 1

A dor faz parte do sucesso

Saber aonde se deseja chegar é fundamental, não tenho a menor dúvida disso. A convicção é o que nos faz encarar a trajetória que, por mais linda que seja quando olhamos para trás, vem sempre acompanhada de dor e sofrimento quando a vivenciamos. É parte do processo se ver diante de momentos duros, aqueles em que dar meia-volta parece não só mais fácil como inevitável. E é neste momento em que o propósito te mantém firme para seguir adiante.

Em uma carreira de vinte anos como jogador profissional, foram muitas as vezes em que questionei a razão do que estava acontecendo. Fatos que fugiam do meu controle e pareciam me tirar completamente do caminho. Momentos em que questionei minha capacidade de seguir em frente. Logo eu, que me achava capaz de performar com excelência sempre.

E entre tantos momentos de provação, nenhum foi como em 2019. Sim, 2019! O ano das maiores glórias, o ano mágico do Flamengo, o ano, acima de tudo, de provar para mim mesmo que a dor, que por muitas vezes me fez questionar o destino, era, na verdade, um "pedágio" para o momento tão esperado.

O que eu passei naquele período de pouco mais de um mês, de 20 de junho até 24 de julho, foi realmente para colocar à prova quanto eu queria fazer história com a camisa do Flamengo. Não tenho dúvidas em afirmar que foi o mês mais difícil da minha carreira. Um mês marcado pela dor de todas as formas – física, psicológica e a que não se pode sentir, que era a dor daqueles que eu amo.

A necessidade de conquistar a confiança de Jorge Jesus após o voo cancelado na volta de Miami foi apenas o início de um período em que o mundo todo parecia desabar. Pênalti perdido, vaias de um Maracanã inteiro, cobranças com ameaças no aeroporto e a pior lesão da minha vida. Tudo isso em apenas uma semana!

Até ali, foram três anos de uma trajetória vivida intensamente no Flamengo. A chegada em 2016 foi um desafio de reacender a chama que parecia apagada nos últimos meses defendendo o Fenerbahçe, da Turquia. E o Flamengo é isso: sentimento à flor da pele.

O projeto para fazer um clube remodelado administrativamente ser novamente vencedor foi o combustível fundamental na minha carreira. Ser uma das referências dentro de campo me motivava a cada dia, a cada treinamento, por mais que as conquistas demorassem a chegar. Foram anos de muita expectativa e algumas frustrações, mas sempre com a convicção de estar no caminho certo.

Dos títulos estaduais em 2017 e 2019 até os troféus da Copa do Brasil e da Copa Sul-Americana, que nos escaparam entre os dedos, foram muitos momentos difíceis. Nada, porém, como aquele período em 2019.

> **❝ NEM GANHAR, NEM PERDER, MAS PROCURAR EVOLUIR. ❞** [7]

Da chegada de Jorge Jesus até o primeiro jogo, tivemos pouco tempo para trabalhar. Foram vinte dias de treinamento para conquistar a confiança do líder Mister e mostrar também que eu merecia uma oportunidade para jogar. Na estreia, dia 10 de julho, contra o Athletico Paranaense, pela Copa do Brasil, em Curitiba, fiquei no banco de reservas e entrei no lugar de Cuellar, aos dezenove minutos do segundo tempo.

O empate por 1 a 1 foi um resultado normal, mas já sabíamos que ali havia algo diferente. O trabalho tinha tudo para dar certo, a dinâmica dos treinamentos, a metodologia, a evolução no dia a dia. E a partida seguinte foi um primeiro sinal disso.

Enfrentamos o Goiás, no Maracanã, pelo Brasileirão, e tive a demonstração de que o mal-entendido com o treinador estava resolvido. Comecei a partida como titular e também com a faixa de capitão. A vitória por 6 a 1 completou a alegria do dia.

Até aí ainda vínhamos com uma expectativa muito grande e nos momentos de dificuldade a equipe não tinha tranquilidade. Hoje, é totalmente diferente, somos um time sólido, mérito do amadurecimento do grupo ao longo dos anos – algo que Jorge Jesus soube potencializar. Nesse jogo com o Goiás, após sofrermos o empate, o Mister falou:

— É questão de tempo. Fiquem tranquilos, vamos ganhar esse jogo. Não se preocupem.

Caraca, era algo novo para nós. Nunca tínhamos ouvido aquilo com aquela tranquilidade. Que diferença! E foi aquele show com

---

[7] DIAS de luta dias de glória. Intérprete: Charlie Brown Jr. Compositores: Chorão; Thiago Castanho. *In*: Imunidade musical. Rio de Janeiro: EMI Music Brasil, 2005. Faixa 22.

goleada. Mal sabia que era a última vez que teria motivos para sorrir por um bom tempo dentro de campo.

O jogo seguinte deu início a semana mais dolorosa da minha carreira. Chegamos confiantes para o duelo da volta contra o Athletico-PR, buscando uma vaga nas quartas de final da Copa do Brasil. Fui titular novamente, fizemos um bom jogo, abrimos o placar, mas um novo 1 a 1 levou a decisão para os pênaltis.

O Maracanã estava lotado naquela quarta-feira: 64.884 torcedores! Fui o responsável por abrir a disputa de penalidades e perdi. Tinha treinado na véspera do jogo, sabia que o goleiro Santos costumava escolher um dos cantos e pular, trabalhei para cobrar no meio e assim o fiz. O Jorge tinha visto o trabalho e ficou tão confiante que nem me perguntou, logo falou: "O Diego é o primeiro a bater."

Hoje, até comento com meus colegas, aquele foi o pênalti mais tranquilo que eu encarei. Em disputas assim, sempre tem aquele frio na barriga, a tensão, mas ali eu estava determinado e bati exatamente como treinei. Só que o goleiro, que costumava sair antes, não saiu contra mim. Foi mais feliz que eu. Aí, foi um desastre. Tanto que não fui o único a perder o pênalti, mas pouca gente comentou sobre isso, pois eu, o capitão, dei início ao azar. Na caminhada de volta para o meio-campo, triste, mas ainda tentando motivar meus companheiros, eu já pensava na dificuldade. Tudo de novo, minha culpa de novo. Será que vou conseguir ter aquela resiliência novamente?

Eu já tinha perdido um pênalti em outra Copa do Brasil, na decisão contra o Cruzeiro, em 2017, e sabia como o torcedor pode ser passional. Tudo isso se juntou e as cobranças foram enormes. Perdemos por 3 a 1, fomos eliminados do campeonato e senti o peso de um Maracanã inteiro contra mim. Saber que minha família estava ali, que meus filhos estavam vendo quase 65 mil pessoas me vaiando e sofrendo por isso, tornou tudo mais difícil. Toda aquela sensação de que as coisas estavam no caminho certo com a chegada de Jorge Jesus se transformou em um turbilhão de dúvidas e questionamentos internos. Por que tudo aquilo estava acontecendo?

Quem já passou por um momento semelhante sabe como a sensação de derrapar diante de uma grande oportunidade faz parecer que o mundo está desabando. E tudo piora quando o seu erro é exposto diante de várias pessoas que contavam com você.

Naquele dia, eu olhava e pensava: *Não acredito nisso!* Em situações assim, as dúvidas passam pela cabeça, não tem jeito. Foi um momento que eu precisei encarar com humildade. Ir até lá, me expor, dar a cara a tapa, e explicar a situação.

Lembro-me de, ainda no campo, ter falado para todo mundo ficar de cabeça erguida, peito estufado. Voltamos para aplaudir a torcida e tomamos uma vaia monumental. Esperei todo mundo sair para incentivar como capitão e, quando fui descer o túnel do vestiário, jogaram um copo de cerveja em mim.

No vestiário, ainda tive força para fazer um discurso positivo para meus companheiros: "Rapaziada, tenho certeza de que o melhor está por vir. Não é possível que não. Vamos seguir em frente." Eu batia forte no peito e falava: "E eu não vou sair do clube. Jamais vou desistir."

Fui dar as entrevistas, a maioria delas explicando os motivos que me levaram a cobrar o pênalti daquele jeito. Muita gente tratava como cavadinha, displicência, mas não era. Era a maneira que eu tinha treinado – mas o goleiro foi mais feliz que eu.

No fim, me recordo de ter dito: "Impacto vai existir. É preciso saber lidar com ele. Há muita coisa pela frente. É assim. Decepção total não ter classificado. É seguir lutando. Já cobrei pênaltis em finais importantes na quais fui campeão. Dessa vez, perdi." Algumas pessoas falam que tenho muito *media training*. Tenho vontade de sentar com elas e explicar como foi meu *media training* quando saí de casa aos 11 anos para morar longe dos meus pais: bati a cara na porta muitas vezes, cai, levantei, continuei... É assim que eu sigo.

Três dias depois, exatamente um mês após o famoso voo cancelado, eu estava de volta a um aeroporto em uma situação difícil. A cobrança era muito grande por títulos e o torcedor do Flamengo foi protestar no aeroporto antes de embarcarmos para o jogo contra o Corinthians, pelo Campeonato Brasileiro.

Não foi uma situação confortável – longe disso. Ainda segurei meus companheiros no ônibus e exigimos segurança reforçada para descer com maior tranquilidade. Os protestos foram ríspidos. Jorge Jesus chegou a tentar um diálogo amigável, mas não foi possível. Já na roleta do embarque, fui ofendido por um grupo e respondi. Perdi o controle e retruquei. Naquela altura, estava muito exposto e o pênalti perdido deixou a reação ainda mais à flor da pele.

Eu não fujo das responsabilidades, faz parte do meu caráter encarar os momentos bons e os ruins sempre. Se eu falasse que acho esse tipo de comportamento com o torcedor normal, é claro que seria mentira. Mas aconteceu, todos temos momentos em que perdemos a cabeça, principalmente quando nos jogam contra a parede. É uma situação muito delicada.

Quando chegamos a São Paulo, Jorge Jesus nos reuniu para acalmar os ânimos. Ele sempre foi muito bom nisso. Sabia quando era necessário ser tranquilo e tirar o peso das nossas costas e, em outros momentos, quando parecia que estava tudo bem, sabia cobrar. E eu expliquei a ele:

— No futebol, é normal. Somos brasileiros e vivemos com isso a vida toda, somos um povo reativo, emocional. Quando ganha, te tratam como rei. Quando perde, tentam te matar.

Mas há coisas criadas, armadas, e isso não íamos aceitar. Eu sabia que ia ter protesto, e por isso contratei quatro seguranças particulares. Situações de surpresa, tudo bem. Mas dessa maneira, não podemos permitir. Se o jogador reage, ele está errado.

O grande desafio em circunstâncias como essa é, acima de tudo, não generalizar. A torcida do Flamengo é gigantesca, e a maioria ama o time o suficiente para compreender essas fases. Porém são alguns poucos que transformam tudo em situações fora do controle. É preciso ter consciência de que o comportamento daquelas pessoas ali no aeroporto não representa uma nação de mais de 40 milhões de torcedores.

> **COM A CABEÇA ERGUIDA E MANTENDO A FÉ EM DEUS.** [8]

É muito bacana observar como cada equipe tem o seu "grande campeonato". Nas empresas, são diversas as metas e os objetivos que precisam ser alcançados ao longo do mês, do semestre e do ano.

---

[8] DIAS de luta dias de glória. Intérprete: Charlie Brown Jr. Compositores: Chorão; Thiago Castanho. *In*: Imunidade musical. Rio de Janeiro: EMI Music Brasil, 2005. Faixa 22.

Quando batemos a meta, somos honrados como membros valiosos e preciosos. Quando não chegamos lá, porém, sentimos o peso sobre os ombros e a sensação de fracasso toma conta de nós, além de sobrar pressão para o próximo objetivo. Nesse cenário, a vontade de sair correndo é grande, e algumas pessoas, inclusive, começam a enviar currículos com a esperança de sair de cena antes que a casa caia de vez e ela se veja recolhendo os pertences da gaveta.

No futebol, isso acontece com os campeonatos. A Copa Libertadores da América sempre foi uma obsessão para a torcida do Flamengo. O título de 1981, da geração comandada por Zico, é algo sagrado e a cobrança para reviver a chamada Glória Eterna é uma constante. Em três anos de clube, aprendi o tamanho da responsabilidade quando se trata dessa competição. Quando cheguei, ficar entre os primeiros no Brasileirão e se classificar para a Libertadores era um objetivo muito otimista. Depois de classificado, a torcida não aceita nada além de ganhar.

Tínhamos passado por frustrações em 2017 e 2018. A cobrança em 2019 era enorme, a pressão era gigantesca e, no meio desse turbilhão, o Orlando City, clube da liga dos Estados Unidos que já tinha tentado me contratar em janeiro, apareceu novamente de maneira inesperada.

Então, imagine: eu tinha perdido um pênalti importante, tinha sido atacado no aeroporto, estava no meu limite, e tinha a oportunidade de deixar aquilo tudo e seguir para um projeto grandioso nos Estados Unidos. Parecia uma mensagem de que era o momento de jogar a toalha no Flamengo.

O dono do time, Flávio Augusto, brasileiro e um grande empreendedor que admiro muito, me ligou. Disse que viu a cena no aeroporto e que eu não precisava passar por aquilo, que devia pensar na minha família e, então, me deu um ultimato: precisava aceitar naquele momento ou nunca mais o Orlando City tentaria a minha contratação.

Fiquei balançado. A situação no Flamengo estava muito negativa para mim! Mas depois de pensar, conversar com minha esposa e refletirmos juntos, resolvemos ficar. Eu tinha convicção dos meus atos, dos meus sacrifícios, da minha caminhada até ali por um propósito – que era marcar o meu nome positivamente na história do clube. Não poderia desviar o rumo por fatores externos. Agradeci o convite e assumi o compromisso pela Libertadores.

Em seguida, o jogo em Guayaquil chegou como um pesadelo, principalmente para mim. Tivemos uma atuação ruim coletivamente, as coisas não deram certo e o 2 a 0 para o Emelec foi justo. No entanto, o placar foi o menor dos problemas. Vivi ali, na noite do dia 24 de julho de 2019, no gramado do estádio George Capwell, meus piores momentos como jogador de futebol. Dor, nua e crua!

O placar já estava 1 a 0 para os equatorianos, mas voltamos bem para o segundo tempo. Jogos de Libertadores são sempre mais duros, com entradas fortes, o chamado jogo pegado. Equipes de países como o Equador têm o histórico de um jogo mais voltado para o contato físico. Já sabíamos disso, mas em campo não dá para levar isso em conta antes de cada tomada de decisão.

Recebi a bola na intermediária ofensiva e conduzi em direção ao gol. Parti para cima do meu adversário, Dixon Arroyo, tentei o drible e recebi o carrinho. O relógio marcava vinte e quatro minutos e quarenta e sete segundos do segundo tempo quando senti o choque. A sensação que tive naquele momento eu nunca vou esquecer: o osso fazendo "creck".

Na hora, eu já sabia que tinha fraturado o tornozelo esquerdo, um verdadeiro pesadelo para qualquer jogador. Essa foi a pior lesão da minha carreira, já aos 34 anos. É impressionante como, em apenas alguns segundos, passa tanta coisa pela sua cabeça. Preocupei-me com quem estava vendo de casa, no Brasil, com a minha família. Qualquer reação mais exagerada naquele momento os deixaria também em desespero, e eu não queria que isso acontecesse. A sensação era muito mais de aflição do que de dor.

Perguntei várias vezes ao médico se a fratura era exposta, mas ele respondeu que não e imobilizou o local. Ainda consigo sentir a angústia daqueles metros até o vestiário. Quando toma conta, a dor divide espaço com a impotência, a tristeza, o choro, a raiva... Quando cheguei ao vestiário, senti uma mistura muito grande de sentimentos. Ao me encontrar com o Denir, nosso massagista com quarenta anos de experiência no Flamengo, uma lenda do clube, aproveitei o momento para extravasar. Gritei. Gritei muito! E não conseguia entender o porquê de aquilo estar acontecendo comigo. Depois, peguei o telefone e liguei para minha amada esposa, Bruna. Não podia falar que não foi nada, eu já sabia que tinha quebrado a perna. Falei para ficar tranquila, que tudo estava sob controle.

Deitado na maca, passava um filme pela minha cabeça e eu só pensava que minha história no Flamengo não podia acabar assim. Pensava no jogo contra o Athletico, na ligação com a proposta, na recusa...

Em meio a tudo isso, uma das minhas maiores preocupações era de que a fratura fosse na fíbula e não na tíbia, pois a tíbia é um osso mais grosso. Aí, não teria como: seriam, no mínimo, seis meses de recuperação. Fomos ao hospital para realizar exames e de cara foi comprovada a lesão: uma fratura-luxação no tornozelo esquerdo, com fratura óssea, lesão ligamentar e considerada complexa. Mas era fíbula. Foi a minha primeira sensação de gratidão.

É engraçado como, mesmo em meio ao caos, quando a luz da esperança surge, por mais fraca que seja, nós temos a capacidade de nos agarrar a ela com todas as forças e nos puxar para cima. Eu aprendi muito sobre força e gratidão nesse período de desafios.

Foi o início de um processo de superação, de aprendizado, de amadurecimento. Apesar de ter me ensinado muito, também foi doloroso – literalmente! Tudo foi um sacrifício, a começar pela saída do estádio. As dúvidas nos acompanham a todo instante em momentos assim. Abreviar o fim da minha carreira estava fora de cogitação, mas como seria dali em diante? Como seria o processo de recuperação? Eu estava disposto a tudo, mas não somente para voltar a jogar futebol: era preciso voltar no mais alto nível.

Os protestos pela perda da partida estavam por todo lado, os torcedores estavam na recepção do hotel, porém também recebi carinho, viram minha situação e, mesmo chateados, me confortaram. Ainda com a roupa do jogo, fui jantar. Meus colegas apareciam e me cumprimentavam, até que chegou o Jorge Jesus. Foi a primeira vez que o vi demonstrar alguma fragilidade. Ele sentou-se ao meu lado, colocou a mão no rosto e falou:

— Não acredito no que está a passar aqui nesta equipa. Nunca me aconteceu isso. É uma coisa impressionante. São jogadores se machucando um atrás do outro, e agora você com uma lesão tão grave. Nunca vi isso.

Foi um desabafo mesmo. Ele estava incrédulo com a sequência de fatos negativos que estavam acontecendo, um problema atrás do outro.

Para quem está derrotado, ver o outro se sentir da mesma maneira pode gerar dois caminhos: ou você desiste de vez ou pensa positivamente e faz o que está ao seu alcance para sair daquela situação. Perseverante, eu escolhi a segunda opção e me comprometi, internamente, a dar o meu melhor para que o time conquistasse tudo o que tanto desejava.

Após seis horas de voo, cheguei ao Rio de Janeiro e encontrei Bruna, com quem, pela primeira vez, me libertei de todas as aparências e desabei. É interessante, hoje, olhar para esse momento e compreender como é importante termos um ambiente seguro em que podemos expressar livremente os nossos temores, as nossas dúvidas e também as nossas dores. Para o time, a empresa ou os clientes, nós precisamos aparentar força sempre. O mercado exige isso de nós. Mas também é saudável ter a oportunidade de expressar todos os seus medos de maneira honesta. Hoje, vejo como aquele choro, que segurei por horas e horas, fez parte do meu processo de cura e me ajudou por todo o percurso.

Do aeroporto, segui direto para o Hospital Vitória, na Barra da Tijuca, para uma cirurgia. O chefe do departamento médico do Flamengo, Márcio Tannure, acompanhou o processo – que terminou com um posicionamento para imprensa:

— Como é uma lesão grave, complexa, o prazo de retorno é de, no mínimo, quatro meses.

Ali estava a minha sentença: minha temporada estava comprometida. Estávamos no fim de julho e os prognósticos eram unânimes, eu só voltaria a jogar em 2020. Mas eu tinha convicção de onde eu queria estar antes desses quatro meses: na final da Libertadores, dia 23 de novembro.

EU ESTAVA DISPOSTO A TUDO, MAS NÃO SOMENTE PARA VOLTAR A JOGAR FUTEBOL: ERA PRECISO VOLTAR NO MAIS ALTO NÍVEL.

Jorge Jesus, treinador de Diego no Flamengo em 2019 e 2020 [9]

O Diego para mim não era um estranho. Já o conhecia de Portugal, do Porto. Conhecia as características de jogador, mas não profissionalmente, por nunca termos trabalhado juntos. Aliando a capacidade do jogador com a do profissional, foi fácil trabalhar.

O Diego é um jogador especial não somente pela capacidade técnica e tática. Mas também pode vir a ser treinador por ter uma personalidade fincada, é um líder que sabe ser coletivo e individual. Ele sabe distinguir quando precisa agir sozinho e quando precisa ser em conjunto, tem qualidades para isso.

A lesão foi um momento triste da vida dele, mas é o preço que pagamos na nossa profissão. Todos nós temos lesões graves ao longo da carreira e ele soube contornar com facilidade. Foi sempre muito otimista, acreditou que ia se recuperar mais rápido do que previam, e foi fundamental na conquista da Libertadores.

Isso se deve muito à crença e à paixão que ele coloca todos os dias nos treinos. Recuperou-se um mês e meio antes do que os médicos imaginavam e isso tem muito a ver com o jogador, com a forma como olha para situações adversas. Ele nunca foi negativo, foi sempre positivo e buscou as conquistas dia a dia.

[9] Depoimento colhido para o filme *Mosaico* de um trecho da entrevista coletiva após a vitória do Flamengo sobre o Corinthians, em 3 de novembro de 2019.

Todos os dias, ele sabia que precisava se dedicar mais. Nunca se negou, nunca se recusou, mesmo nos momentos difíceis de dor. A corrida é diferente, a condução é diferente, mas ele sempre esteve disposto a trabalhar. Sempre teve o objetivo de estar na final da Libertadores e fez de tudo para estar lá – e sua presença foi importante para nós.

Um treinador não pode ser só treinador de campo. Era minha obrigação perceber os momentos difíceis dos meus jogadores. A cirurgia foi um momento complicado para o Diego e tentei dar palavras de incentivo, de carinho, e sabia que a recuperação seria rápida. Ele tem um caráter muito grande.

Diego era uma voz de comando para os colegas no vestiário. É um dos grandes capitães que eu tive como treinador. É um capitão de mão cheia, que sabe o que é ser capitão. É um exemplo, e só pela vontade de ser tão profissional que ele conseguiu tirar quase um mês e meio na recuperação da lesão. E eu estava ali para ajudá-lo.

PAPO DE VESTIÁRIO

Se tem uma coisa que aprendi desde muito cedo é que nada é conquistado sem sacrifício. Na vida profissional, então, é praticamente uma regra: em algum momento da caminhada você terá a certeza de que tudo vai dar errado. E é justamente nesses momentos que é preciso reafirmar o propósito de sua trajetória.

Ter a convicção de tudo o que foi realizado e onde se quer chegar é parte fundamental para efetivamente dar a volta por cima e sair vitorioso de qualquer situação. Afinal, quando não se tem um ponto de chegada bem definido, qualquer coisa pode parecer suficiente ou qualquer barreira pode parecer o fim da jornada. É preciso saber qual é a linha de chegada para iluminar o caminho e vencer os obstáculos até ela.

A dor, que no meu caso foi também física, muitas vezes ataca o emocional e nos desequilibra de uma maneira desconcertante. Nesse sentido, encontrar o equilíbrio é o mais importante. Devemos colocar para fora tudo o que precisamos afastar: nossas angústias, medos, indignações e questionamentos.

Mas também precisamos aprender a superar o sofrimento. Aquele momento em que tudo que parece estar fora do eixo não pode deixar de impactar você, mas também não pode derrubá-lo.

Naquela hora eu estava com dor, em cirurgia, mas sabia qual era a minha direção: a final da libertadores. E o mesmo acontece com todo profissional em algum momento de sua jornada. Pense numa demissão inesperada, numa empresa que quebrou por falta de pagamento de um fornecedor ou nos impactos de crises financeiras cada vez mais comuns na volatilidade do mundo atual. Entender que uma barreira não é o fim da linha é necessário, é fundamental para alcançar o sucesso almejado.

A minha relação com Deus, a fé que existe dentro de mim, é fator determinante para que eu me conecte com o propósito de cada momento de sofrimento. É preciso estar pleno e seguro dos planos de Deus para cada um de nós. A minha fé, juntamente com o suporte da família, me manteve firme em cada obstáculo.

Tenho em mente de que é necessário ter fé para sonhar, e disciplina para realizar. Foi dessa maneira que conduzi minha carreira. "... todas as coisas cooperam para o bem daqueles que amam a Deus...", diz a passagem bíblica Romanos 8:28.

CAPÍTULO 2

A descoberta do talento aponta caminhos

Nunca tive dúvidas de que queria ser um jogador de futebol. Minha vida foi toda dedicada ao esporte, é algo que me preenche de todas as formas, iniciei muito cedo na profissão e tenho plena convicção de que nasci para isso. Minhas melhores memórias passam diretamente por momentos jogando ou querendo jogar bola.

Tenho uma foto dormindo abraçado com uma bola e com um par de kichute nos pés, que resume bem quem fui quando criança. Para quem não lembra ou não sabe, kichute é uma mistura de tênis com chuteira que fez muito sucesso na década de 1980. Era meu companheiro inseparável, assim como meu pai.

Não tem como negar que sempre foi um sonho que sonhamos juntos. Na verdade, um sonho que ele tinha antes mesmo de eu nascer. Meus pais, Djair e Cecília Inês Ribas da Cunha, tiveram três meninas. A primeira, Daiane, faleceu pouco após o parto, depois nasceram Daiane e Djenane. Sou o caçula, anunciado para a família por um seu Djair esbaforido.

Era 28 de fevereiro de 1985 quando dizem que meu pai saiu correndo da Beneficência Portuguesa de Ribeirão Preto aos gritos: "É menino! É menino!". Naquela época, o sexo do bebê era surpresa, e ele percorreu a pé cerca de 5 km até a casa dos meus avós para dar a notícia. Quando chegou, não tinha mais fôlego. Eles contam que ficou aquele silêncio, meu pai ofegante, todo mundo preocupado, até que saiu: "É menino!".

Os relatos chegam acompanhados de memórias sempre relacionadas ao futebol. Meu pai sempre me incentivou e, desde muito pequeno, eu ia com ele para as quadras de futebol de Ribeirão Preto. Ele jogava e eu ficava na grade, esperando a sirene tocar nos intervalos para entrar correndo e chutar a bola por dois, três minutinhos que fossem. Até o sinal tocar de novo para recomeçar o jogo e eu escutar: "Ô, moleque, precisa sair".

Por mais que não tenha sido profissional, ele me apoiou muito. É como se fosse uma maneira de eu realizar o sonho dele. Hoje me sinto feliz por isso, cheguei aonde estou por conta desse sonho compartilhado. Somos de uma família de classe média baixa, e morávamos em prédios populares no bairro da Vila Virgínia. Tive uma infância muito feliz, com duas irmãs maravilhosas, e meus pais têm uma história muito bonita de dedicação, nunca deixaram que nos faltasse nada. Eu sempre estudei em escola particular com muito esforço deles.

Meu pai engraxava sapatos na praça quando jovem, depois passou a se dedicar à engenharia. Não se formou, mas exerceu muito dessa profissão com o que aprendeu. Ele viajava bastante para onde arrumasse serviço. Já minha mãe era costureira, trabalhou para famílias ricas de Ribeirão Preto, e depois passou a ser dona de casa para cuidar dos três filhos.

Sempre tive todo o suporte para ir atrás dos meus sonhos. E, veja bem, por mais que eu acompanhasse meu pai nos jogos, eu poderia tratar aquilo apenas como uma brincadeira. Mas eu sabia, mesmo naquela época, que era mais do que isso. Na rua de terra, eu passava o dia inteiro jogando, com dois chinelos como traves e muita diversão com os amigos do bairro. Chegava em casa cansado, deitava na cama e apagava. Minha mãe passava pano úmido nas minhas pernas para tirar a sujeira da terra. Foi uma época muito feliz e lembro-me de que eu já conseguia me destacar precocemente. Com pouco mais de seis anos, meu pai já me colocava para jogar naqueles jogos de adulto que eu ia para brincar no intervalo – e quando eu não podia jogar, eu ficava bravo, brigava com ele.

Acredito que essa vontade de fazer acontecer já era o indício de que eu não era apenas um moleque querendo jogar bola, que havia algo mais por trás daquilo, assim como há algo mais por trás de uma criança que aprende a tocar piano antes mesmo de escrever, ou então uma pessoa que ama rabiscar no canto das folhas sem sequer notar o que faz. Todos temos um talento nato, alguns com os números, outros com a comunicação, e esse nosso lado nos acompanha ao longo de toda a vida, basta recebermos um empurrãozinho na direção certa.

Agora, imagine se o meu talento não tivesse sido observado com olhos ativos, se tivesse sido reprimido ou ignorado ao longo dos anos? Na época, eu era criança, tinha meu pai me observando, mas e quando se é adulto? Como descobrimos esse talento? Acredito que uma das primeiras coisas a observar seja a nossa particularidade em fazer as coisas. É preciso estar atento ao que faz as pessoas procurarem você com uma questão a resolver, ou até mesmo o que fez você ganhar a confiança de seu superior.

Nem todos podem ser o Zico ou o Da Vinci, mas todos possuímos dons que nos diferenciam dos demais. E é justamente ao explorar essas particularidades que conseguimos encontrar o nosso grande destaque no meio da multidão.

Naquela época, minha energia já exigia um time, um lugar em que eu pudesse jogar bola para valer e realmente botar para fora meu talento. Na escola, eu deitava e rolava. No recreio, era sempre o primeiro escolhido, pegava a bola e driblava todo mundo. Todos ao meu redor viam que eu poderia ir adiante. Assim, com seis anos, passei um período curto no Esporte Clube Mogiana.

Eu jogava determinado de que ia fazer gol, que ia ser decisivo, e isso acontecia. Tudo isso me abriu muitas portas. Era uma sensação que eu tive até por um bom tempo da minha carreira, de que eu era capaz de fazer o que eu quisesse com a bola nos pés. Claro que, em um jogo ou outro, o time perdia mas, na maioria das vezes, eu era o destaque.

Em certo período da minha vida, essa certeza da vitória, claro, deixou de ser tão fácil assim, e houve momentos em que isso me fez mal emocionalmente. Precisei entender que não tinha tudo sob meu controle, que não me destacava mais como antes, que não conseguia tudo. Foi preciso muita humildade para compreender que, na vida adulta, aquela criança de destaque ganha adversários a altura e, portanto, precisa se esforçar para além do talento natural para continuar vitoriosa.

Mas voltando a minha infância, naquela época eu conseguia tudo. Meu pai construiu uma chácara com o sócio e tinha um campo pequenininho. Quando eu não estava jogando no clube, jogava lá. Eram partidas nas quais adultos jogavam com crianças e meu pai ficava lá atrás, na defesa, lançando a bola para mim. Até que, aos sete anos, cheguei ao Comercial Futebol Clube.

Quando cheguei ali, já era uma coisa diferente. Tinha um estádio grande no meio da cidade, o Doutor Francisco de Palma Travassos, jogo de camisas e treinos todas às quartas e sextas num campo de terra. Praticamente todas as minhas amizades de infância são dessa época do Comercial. Andávamos sempre juntos e nos divertíamos muito. Até hoje, tenho contato com a maioria deles – e ainda fazemos o nosso futebolzinho de fim de ano no sítio.

Mesmo no Comercial, a rotina era igual: todos os anos eu era artilheiro e campeão. O sentimento era de que o futebol era uma diversão e também uma realização constante. Foi assim no meu início, tudo deu muito certo naturalmente graças ao talento e personalidade. Foi uma fase da vida que contribuiu muito para a formação do meu caráter competitivo e também de autoconfiança inabalável, que foi decisiva para os momentos de tensão.

Como meu pai viajava muito a trabalho, quem me levava sempre para os treinamentos era minha mãe. Ela sempre foi uma guerreira, ia comigo para cima e para baixo. Foi muito minha companheira. Era engraçado que ela levava sempre uma câmera grande para filmar e colocava nos ombros, só que ficava comentando e, quando víamos a filmagem, estava lá ela gritando: "Vai, Diego! Vai! Não toca para esse moleque, não.". Ela até discutia com a mãe dos meninos adversários – mas era uma disputa sadia entre torcidas de pais, um ambiente de competição que me fez bem e me ajudou a desenvolver meu lado competitivo.

Sempre fui cobrado pelos estudos, mas meu pai também deixava transparecer que o futebol era o principal. Se desse certo, tudo bem, o importante era realizar aquele sonho. Ele pagava escola particular com muito esforço e fui um excelente aluno até a quarta série por não precisar estudar. Eu só prestava atenção às aulas, entendia tudo e tirava nota boa. Depois, passei a ter mais problemas pelos estudos exigirem mais e eu precisar faltar muito por causa do futebol.

Foi uma época em que já tinha começado a ir para Santos nos fins de semana para jogar, ali pelos 11, 12 anos, e acabei reprovando a sétima série no Colégio Marista de Ribeirão Preto.

Hoje isso pode soar bastante absurdo e fora do comum, mas, conforme amadureci, percebi que, infelizmente, esse é o caminho da maioria dos profissionais de esporte, principalmente aqui no Brasil, em que as escolas não fazem parte da formação do atleta formal. Assim, na época, meus pais também compreenderam que eu precisava apostar em qual destino seguir: me esforçar nos estudos ou me dedicar nos treinos e seguir meu sonho.

Completei o ensino médio já depois dos 35 anos, quando voltei ao Brasil para defender o Flamengo, e cada vez mais tenho a convicção do quanto é fundamental o suporte escolar. Se naquela minha época de jovem era uma situação comum que muitos garotos trocassem os estudos pelo futebol, nos tempos atuais isso deve ser corrigido e os clubes formadores já têm como conceito a obrigatoriedade do estudo. Os sonhos não são garantias e os estudos abrem novas portas, novos caminhos.

É engraçado como para uma criança isso pode soar abrupto, porém, para um adulto, essas situações também acontecem. Falamos muito sobre a importância do equilíbrio na vida, mas, ainda assim, existem sacrifícios que precisam ser feitos para alcançarmos o que desejamos. Em algum momento você vai precisar trabalhar até mais tarde, dedicar o fim de semana para estudar para aquele concurso, ou até mesmo optar por não encontrar quem você mais gosta por ter uma reunião importante. O equilíbrio está em conseguir fazer os sacrifícios e, ainda assim, encontrar a felicidade com o que está fazendo.

Naquele período, o principal no meu dia a dia, no entanto, era mesmo o futebol. Era uma época de futebol mais espontâneo, na base do talento mesmo. Jogávamos com linha de quatro – dois volantes e dois meias –, e eu era um meia com maior liberdade pela esquerda. Só fui trabalhar a parte tática mesmo quando cheguei ao Santos. Além de jogar, eu também consumia muito futebol. Torcia para o São Paulo, era fã do Raí, acompanhava todos os jogos. Quando não dava para assistir na televisão, ouvia no rádio com meus primos. Lembro-me do gol de falta do Raí contra o Barcelona no Mundial de 1992, mas não me lembro de ver o jogo.

Tem alguns momentos que são marcantes para mim, como a Copa do Mundo de 1994, a primeira de que eu me lembro. O gol de biquinho do Romário contra Camarões, a jogada com o Bebeto no jogo contra os EUA e uma final muito tensa contra a Itália. Um nervosismo danado nos pênaltis e a explosão de alegria depois. Eu colecionava os álbuns de figurinha e completava todos. A Seleção já despertava o sonho de um dia vestir essa camisa.

O futebol era a minha paixão.

> **EU TENHO UMA ALMA QUE É FEITA DE SONHOS.** [10]

O futebol já era uma convicção na minha cabeça.

Surgiu a certeza de que ia viver daquilo e a competitividade aflorada nos tempos do Comercial foi importante para isso. Queria vencer, ser melhor que o adversário e isso me deu confiança para desenvolver meu potencial. Eu tomava decisões muito espontâneas, mas muito corajosas. Acredito que carreguei isso comigo ao longo de toda a minha carreira.

Eu entrava para competir 100%, e isso se tornou um hábito. Não me lembro de um dia em que pisei no campo com pouca energia para dar no jogo. E acredito que isso seja um ponto importantíssimo para todo profissional de destaque: quando fazemos o que amamos e nos comprometemos a ter o melhor resultado possível, não há espaço para fazer menos do que o necessário. Com o passar dos anos, percebi que se trata de uma característica muito comum aos profissionais de sucesso. O livro do Bernardinho, treinador multicampeão no vôlei brasileiro, deixa muito claro isso. *Transformando suor em ouro*[11] é praticamente um manual para aqueles que estão dispostos a ir além da habilidade para colher os frutos que este talento apresenta.

Porém, esse meu perfil vencedor sempre me causou dificuldade para lidar com as derrotas. Em qualquer brincadeira, eu já apelava se perdesse. Queria jogar mais e mais até ganhar ou ficava de cara feia por algum tempo. Isso me fez mais bem do que mal, de maneira geral. Como sempre tive essa criação de ir, jogar, vencer e me destacar, eu tirava naturalmente do caminho tudo que aparecesse para impedir isso, fosse o adversário, um companheiro que não tocava a bola... Eu queria a bola para mim, eu discutia com torcedor, fazia o que era preciso para defender a minha posição.

---

[10] Trecho de discurso feito por Chorão durante um show do Charlie Brown Jr. Disponível em: https://www.youtube.com/watch?v=qr4n25JrK1Y. Acesso em: ago. 2021.

[11] BERNARDINHO. **Transformando suor em ouro**. Rio de Janeiro: Sextante, 2011.

No geral, nós, brasileiros, somos reativos, emotivos. A minha criação foi assim também. Isso me ajudou de algumas formas, como o meu pai sempre ali gritando para acordar, para fazer o gol. Nessa época, nunca foi um peso. Lá na frente, passou a ser. Essa maneira de ser do meu pai me tornou um perfeccionista. Me ajudou muito, mas em determinados momentos me colocou para baixo. Precisei conversar com psicólogos que me mostraram que o perfeccionismo pode levar você ao topo, mas é preciso equilíbrio para ele não o levar para fundo – algo que aconteceu comigo.

A pressão, seja externa ou a que desenvolvemos sobre nós mesmos, exige um equilíbrio que nem sempre estamos preparados para apresentar. E identificar isso é o primeiro passo para lidar com essa pressão. O Brasil é o segundo país no mundo com maior número de pessoas com Síndrome de Burnout, segundo estudo apresentado em agosto de 2020 pelo ISMA, organização internacional de pesquisa sobre o estresse.[12] A Síndrome de Burnout é uma doença que afeta justamente profissionais que convivem constantemente com mudanças emocionais no ambiente de trabalho.

Tive dificuldades para lidar com a derrota por um bom tempo. Até hoje eu preciso me controlar, embora já tenha melhorado demais. Teve uma fase em que eu chegava em casa depois de qualquer derrota e não falava com ninguém, mesmo com minha família em casa, mesmo com minha esposa Bruna. Só conseguia falar com um amigo, que era o Jorge Alagoano.

Jorge é um amigo que conheci na Alemanha, uma figura que passou a trabalhar comigo e é mais descontraído. Ele me fazia rir com umas conversas nada a ver e era o único com que eu trocava uma ideia após perder uma partida – e, ainda assim, algumas vezes eu o tratava mal. Tinha dificuldade em ser contrariado. A família era muito "o Diego é o cara". Em determinado momento, a maneira como encarei isso me sobrecarregou, ficou pesado. Teve uma época em que o técnico não podia nem me substituir porque eu não aceitava.

---

[12] REDAÇÃO Folha Vitória. Brasil é o 2º país com o maior número de pessoas com Síndrome de Burnout. **Folha Vitória**, 11 ago. 2020. Disponível em: https://www.folhavitoria.com.br/saude/noticia/08/2020/brasil-e-o-2-pais-com-o-maior-numero-de-pessoas-com-sindrome-de-burnout. Acesso em: ago. 2021.

Curiosamente, não foi com esse nível de exigência que encarei meu primeiro teste, em 1996, para defender o São Paulo. Na verdade, vi mais como uma oportunidade de mostrar quanto era bom do que como um grande desafio. Meu pai foi quem correu atrás, marcou o teste e, então, fomos para São Paulo. Eu pensava: *Caramba, vou para o Morumbi*, e me lembrava do Raí.

Quando avistei o estádio, foi impressionante. Só tinha visto pela televisão e era gigantesco. Eu tinha apenas 11 anos, mas o teste era com meninos mais velhos, de 12 a 13 anos, nascidos em 1983/84. O primeiro contato não foi legal. No ônibus para o campo de treino, não me deixaram sentar. Era um clima hostil, os jogadores brigavam entre si, um deles até saiu chorando. Senti-me inseguro pela falta de receptividade, pois futebol para mim sempre foi divertido.

Foram somente dez minutos em campo. Dez minutos nos quais eu quis muito a bola. Quando entrei em campo, aquele sentimento de insegurança passou e eu só queria jogar. Onde está a bola? "Me dá", "toca para mim", respiração ofegante... Fiz dois gols – algo que foi possível pela minha qualidade, pois é muito difícil jogar bem nesses testes. Em um deles, lembro-me de que tabelei, recebi na frente do goleiro, driblei para fora e chutei cruzado. Foram minutos de liberdade.

Quando eu saí do campo, o Marcos Vizolli, que até hoje trabalha no São Paulo, colocou as mãos nos meus ombros, perguntou dos meus pais e me levou até eles dizendo que eu estava aprovado. Tem até uma história engraçada sobre isso. Recentemente, quando eu já estava no Flamengo, encontrei com o Marcos no Morumbi em um jogo, ele veio e disse:

— Fala para mim que eu não te reprovei. Até hoje me cobram um monte de vezes e eu não lembro.

Respondi que não, que ele podia ficar tranquilo. Ele me aprovou na hora! Fomos para o Morumbi e, quando caminhamos pela arquibancada, eu vi um vão que dava para visualizar o campo. Aquele gramado verde, o símbolo do São Paulo... É uma imagem que tenho gravada até hoje em minha mente. Quando vi aquilo, pensei: *Meu Deus!*

Voltamos para a recepção e falei baixinho: "Pai, não quero ficar". Ele respondeu: "Como assim?". Eu disse que queria ir embora, minha mãe perguntou se tinha acontecido algo e só respondi que não iria

A DESCOBERTA DO TALENTO APONTA CAMINHOS

57

ficar. Lembro-me de um rapaz da Bahia que escutou e tentou me ajudar. Ele me chamou de canto e disse:

— Não faz isso, não. Vou estar aqui de teste esta semana, eu fico com você. Não desperdice esta oportunidade. Quantos caras gostariam de estar no seu lugar?

Mas não teve jeito. Foi algo totalmente ligado ao tratamento que recebi. Nem vejo maldade nisso, ficou a lição para depois. Os meninos eram mais velhos, mais folgados. O principal fator, porém, foi precisar morar fora de casa, longe da família.

MINHA VIDA FOI TODA DEDICADA AO ESPORTE, É ALGO QUE ME PREENCHE DE TODAS AS FORMAS, INICIEI MUITO CEDO NA PROFISSÃO E TENHO PLENA CONVICÇÃO DE QUE NASCI PARA ISSO.

Cecília Ribas, mãe de Diego

O Diego foi uma criança muito arteira. Não no sentido de fazer bagunça, mas ele tinha personalidade forte desde pequeno para fazer sempre o que queria. Era ele e pronto. Lembro-me de um dia que derrubou uma televisão porque não estávamos assistindo ao que ele queria.

A televisão ficava na copa em cima de uma cadeira e ele passava na frente para provocar. Fez tanto isso que o pai dele começou a achar ruim. Até que o Diego meteu a mão na TV e jogou tudo no chão. Nossa! Foi um corre-corre para lá e para cá, mas ninguém o alcançou. Era esse tipo de criança levada, mas malandrinha — e muito corajoso.

No futebol, era a mesma coisa. Desde muito pequenininho, eu ia com ele para cima e para baixo atrás de bola. Tínhamos uma chácara onde colocávamos aquela criançada toda na caçamba para levar para os jogos. E o Diego, desde muito pequeno, era quem liderava a turminha e ajudava o técnico Pedrão na organização dos jogos.

Ia todo mundo para a chácara e fazíamos churrasco com muita comida. Foi uma época muito boa. Eu ficava na grade cobrando que eles comessem ou não iam jogar. Se deixasse, ficavam o dia todo jogando bola. O Diego é um líder desde criança, dava ordens em campo com 5, 6, 7, 8 anos... Vejo em atitudes dele como profissional a mesma criança que já comandava a garotada naquela época.

É muita emoção falar dessa época. O Diego saiu de casa muito jovem para buscar os sonhos. No primeiro convite, para jogar no São Paulo, lembro-me dele vir chorando falar comigo que não queria ficar. Como eu sou chorona, logo o abracei e disse: "Então, vamos embora. Você não vai ficar". Ele sempre gostou muito do Raí, mas nada tirava da cabeça dele a decisão de ir embora.

No Santos, foi diferente. Tinha um ambiente familiar, com mais carinho, e foi onde todos sentimos a confiança necessária para que o Diego ficasse e buscasse seus sonhos. Foi um período em que ele aprendeu muito – muito mesmo! Afinal, sempre foi claro que ele era um menino muito disciplinado e obstinado.

Diego já chegou ao Santos com um senso de responsabilidade desenvolvido ainda criança. Quando tinha um jogo às 10h da manhã do dia seguinte, na véspera ele já falava que tínhamos que chegar ao local às 9h. Era assim. Ele sabia que tinha deveres a cumprir para ter o direito de jogar. Ele tem a capacidade de entender suas obrigações e separar que, por mais que tenha talento, precisa cumprir o mesmo que todo mundo.

Mesmo sabendo que era bom jogador de futebol, nunca deixou de ser humilde. Sempre falamos para ele que, por mais que fosse muito talentoso, poderia existir alguém que fosse melhor. Tudo isso fez com que o Diego seja uma pessoa simples, sem arrogância. O pensamento dele é: Eu sou bom, mas isso não me torna melhor do que ninguém.

Como mãe, foi muito difícil vê-lo sair de casa tão cedo. Precisávamos colocá-lo no ônibus das 23h de Ribeirão Preto para Santos e era doloroso. Certa vez, ficou um mês sem que nos víssemos. Quando nos encontramos, ele já estava muito grande, muito maior que a última vez.

Tudo que o Diego fez para realizar seus sonhos foi com o coração. Ele perdeu toda a adolescência, mas foi muito bem orientado. Diego sempre teve uma cabeça muito boa, tinha limites e isso fez a diferença. Olhar para trás e lembrar disso tudo me enche de orgulho.

Meu filho é um homem excepcional. Todo mundo gostaria de ter um filho como o Diego.

PAPO DE VESTIÁRIO

A descoberta do talento foi fundamental para mim. Saber desde novo o que eu queria buscar me permitiu pular etapas e também me obrigou a tomar decisões muito precocemente. Olhando para trás, consigo identificar muito mais pontos positivos, mas trata-se de uma realidade que gerou angústias no futuro.

Não saber de imediato o que você nasceu para fazer na vida não é um problema, o importante é ter a percepção para identificar o que lhe dá prazer e você consegue desempenhar bem. Não são poucos os casos de quem experimenta mais de uma faculdade ou abre várias empresas até que as coisas aconteçam. É preciso experimentar – e se permitir errar –, para se encontrar.

A possibilidade do erro é importante no processo de formação do caráter. Tentar novamente e desenvolver a capacidade de resiliência é cada vez mais fundamental no cenário atual.

CAPÍTULO 3

Ruptura da zona de conforto: sacrifícios e tentações

Quando recusei o São Paulo, tinha muito em mente que o futebol era uma alegria, uma diversão, não apenas dinheiro. Tinha a parte familiar, ambiente do qual eu sempre fui muito próximo. O sonho de jogador vinha com a imagem de jogar em um estádio cheio, mas eu pensava que podia alcançar isso em Ribeirão Preto mesmo. Via com muita clareza dessa forma.

Isso está ligado com o que eu falei anteriormente sobre o prazer e a dificuldade. Refleti que durante a minha vida toda nunca deixei de enfrentar dificuldades, mas sempre senti prazer pelo que fazia. Então, se fosse para ficar em um ambiente só para jogar futebol, mas sem companheirismo, eu preferia não ir. Esse foi o meu primeiro ensinamento e foi o diferencial para quando eu tive uma nova oportunidade de tentar a sorte, dessa vez no Santos. Mas não foi tão simples, não foi tão fácil.

Quando eu fui para o Santos, meses depois, eu chorava. Ligava para casa e chorava de soluçar. A sorte é que meus amigos eram divertidos. A gente brincava, saía, ia ao shopping, ao McDonald's. Da recusa ao São Paulo até a tentativa no Santos não demorou muito tempo, ainda era 1996. Um garoto que jogava comigo no Comercial, o Roberto, buscou essa oportunidade e se mudou com a família para jogar. Por meio dele, surgiu o contato. O pai dele, Paulão, falava muito de mim lá para o treinador e eles telefonaram para o meu pai com o convite. Minha primeira reação foi dizer que não.

O que passou pela minha cabeça foi a questão de precisar sair de Ribeirão para jogar, encarar outros moleques de quem eu não gostasse, essas coisas. Aí, armaram todo um esquema para me convencer. O Santos ia disputar um torneio em Engenheiro Beltrão, no interior do Paraná, e meu pai falou: "Nós vamos para lá, você disputa esse torneio e depois voltamos para casa".

Eu fui para esse torneio com meus pais, de carro. No caminho, eu já falava que não queria ficar no alojamento, que não ia me mudar. Eu tinha na cabeça somente o jogo. O jogo não me trazia insegurança nenhuma, mas todo o entorno eu não queria. Disse que só iria se a gente ficasse em um hotel. Meu pai falou tudo bem e foi me enrolando – tanto que eu fiquei no hotel com meus pais na primeira noite.

A delegação do time estava hospedada em uma escola e fomos lá no dia seguinte. Lembro-me de que, quando cheguei, já foi diferente. Eu saí do carro meio desconfiado e veio todo mundo me receber, me abraçar, chamando pelo nome: "Oi, Diego! Vem cá, você vai dormir aqui...". Vieram uns seis moleques, mostraram tudo e me deixaram muito à vontade, incluindo o Roberto, que eu já conhecia. Me senti muito bem. Quando meus pais perguntaram se eu ia ficar ali ou voltar ao hotel, ainda estava meio desconfiado, mas disse: "Vou ficar".

Veio o campeonato e tudo aconteceu. Jogamos para caramba, ganhamos, fiz gol. Fui eleito o destaque do torneio e já foi definido pelo Santos que eu ia defender o clube. Só que eu disse que não ia me mudar. "Como assim? Não quer jogar no Santos?". "Quero, mas não vou morar lá".

Foi quando surgiu um treinador que foi muito importante: Eduardo Jenner. Ele disse: "Tudo bem. Você vai na sexta-feira de tarde, treina, joga no final de semana e volta segunda-feira para escola". Aceitei. Assim estava bom. Voltei para Ribeirão e só de saber que ia voltar sempre para a minha cidade, ficava mais tranquilo.

Eu pegava um ônibus em Ribeirão sozinho na quinta ou na sexta-feira meia-noite, levava o travesseiro, passava a noite viajando e, na manhã seguinte, por volta das 5h, o treinador me buscava na rodoviária. Eu ficava na casa dele nos fins de semana, e dentro de campo tudo seguia dando certo.

Eu jogava bem para caramba e fiz amizade com os meninos. Eu já sentia certa admiração da parte deles. Era algo totalmente diferente do que eu vivi quando cheguei ao São Paulo. Por mais que tivesse aquela cobrança de alguns pais, "como que um garoto que não treina durante a semana chega e joga como titular?", eram poucas. Superei isso e comecei a me sentir cada vez mais à vontade.

Acabava o jogo, e eu me divertia, fazíamos churrasco na casa do Fábio Cecil, que era o capitão do time. Assim foi a rotina por quase um ano, até eu estar próximo de completar 13 anos. Até que um dia o Eduardo Jenner me deu o recado: "Agora, não tem jeito. Você deve tomar uma decisão. Para seguir jogando precisará morar em Santos". Eu pensei: *Caramba! E agora?* A questão voltou a ser uma pedra no sapato, mas o treinador mais uma vez deu a solução.

Além do receio com sair de casa definitivamente, havia também preocupação com o meu acompanhamento na escola, e o Eduardo disse que no início eu poderia morar na casa dele, com um quarto só para mim, recebendo atenção especial. Ele me ajudou muito e já começou a me dar mais conselhos técnicos.

Lembro-me de que voltávamos em silêncio no carro depois de discutirmos nos jogos. Ele era um treinador que me orientava a chutar mais para o gol, melhorar o posicionamento, dizia que não precisava voltar muito para buscar a bola nos pés dos zagueiros, que eu devia

RUPTURA DA ZONA DE CONFORTO: SACRIFÍCIOS E TENTAÇÕES

estar perto dos atacantes. Foi um período muito valioso também para esse aprendizado, me ajudou muito como jogador. Mesmo assim, eu ainda chorava bastante, sentia muita saudade de casa.

Tudo isso fez parte de um processo de adaptação, de entender aquele ambiente e o que estava acontecendo. Até que, em determinado momento, eu já não queria voltar para casa. Entendi que Ribeirão Preto era mais um lugar para visitar, mas ali em Santos era onde eu queria estar. E o próximo passo foi morar no alojamento no estádio da Vila Belmiro.

Outros garotos também viviam na mesma situação que eu – moravam na casa de alguma família ligada ao clube. Até que, na virada do ano para 1998, um grupo se mudou para o alojamento e eu também quis ir. Éramos divididos em quatro meninos para cada quarto debaixo das arquibancadas, dormindo em beliche de concreto. Foram anos de muita diversão. Foi aquela fase de querer estar onde todo mundo estava, fazíamos tudo juntos. Vivi anos de muita alegria no alojamento da Vila Belmiro.

Quando compreendemos que a mudança, por mais estranha e dolorosa que possa parecer, nos beneficiará e está de acordo com o que desejamos construir no futuro, tudo se torna mais fácil. Claro que existem dúvidas, momentos de ansiedade e o medo de falhar, mas também existe a sensação de estar no caminho certo, fazendo o que realmente quer fazer de sua vida. Quando digo que sair da zona de conforto é preciso, posso soar superficial, ou mesmo repetitivo, mas a questão é que, sem a coragem de dar o próximo passo, acabamos vendo a vida passar pela janela, sem acompanhá-la. Se eu tivesse ficado em casa, não seria o Diego de hoje, e tenho certeza de que você pode começar hoje a se tornar quem deseja ser no futuro, tomando uma atitude que vem postergando há tempos. A vida é muito curta para não lutarmos pelos nossos sonhos.

O principal é compreender o que você precisa fazer, planejar como isso deve ser feito e traçar um plano de ação estratégico para se colocar em movimento. Nada acontece quando permanecemos parados, então é hora de se mexer!

Outro aspecto muito importante para mim foi ter a personalidade bem estruturada. Eu era um pouco rebelde, e isso até que foi importante nessa época. Eu convivia com garotos mais velhos, que gostavam de colocar apelidos e de curtir com os mais novos, mas nunca deixei que isso me desanimasse ou me mudasse. Vinha daquela criação do meu pai que já falei algumas vezes, de incentivo e cobrança. Eu vim de uma criação em que aprendi sempre a me impor e nunca deixar ninguém passar por cima de mim, e isso fez com que a galera me respeitasse.

Ter uma atitude forte com certeza me garantiu um lugar de destaque, afinal, meus colegas sabiam quem eu realmente era, quais eram os meus limites e o que eu não aceitava que fosse feito. Tudo na vida é atitude e é preciso saber se impor para ser respeitado.

Saber respeitar é importante para ser admirado, mas se fazer respeitar também é essencial na construção de qualquer caminho. Infelizmente, não podemos aceitar tudo o que nos é solicitado, precisamos aprender a dizer não em diversos momentos e mostrar o nosso verdadeiro valor para que sejamos valorizados. Muitas vezes, quando apagamos a nossa chama interna e nos deixamos intimidar pelo externo, acabamos também extinguindo uma essência primordial que nos torna únicos.

Nunca pensei em desistir do futebol. Por mais que houvesse a reflexão momentânea, aquela sensação de que não ia dar mais para enfrentar determinadas situações, o esporte sempre me encorajou a seguir em frente. A batalha era difícil? Era. Mas estava me moldando para aquela realidade. O senso de perseverança sempre se sobrepôs aos picos de fraqueza e foi o que me levou adiante.

> ❝ **TEM GENTE QUE RECLAMA DA VIDA O TEMPO TODO, MAS A LEI DA VIDA É QUEM DITA O FIM DO JOGO.** ❞ [13]

Com o tempo amadureci e, embora a dor de ver meus pais indo embora do alojamento ainda permanecesse, eu me sentia cada vez mais em casa e à vontade onde estava. Então, ali pelos 15 anos, já na Escola Estadual Azevedo Júnior, conheci pessoas que se tornaram fundamentais na minha vida. Foi ali que tive meu primeiro contato mais próximo com o Robinho e conheci a Bruna, que hoje é minha esposa. Lembro-me muito dessa época. Quando a conheci, liguei para

---

[13] SENHOR do tempo. Intérprete: Charlie Brown Jr. Compositores: Chorão; Heitor Gomes. *In*: Imunidade musical. Rio de Janeiro: EMI Music Brasil, 2005. Faixa 8.

minha irmã apaixonado e disse: "Conheci a mulher da minha vida. Vou me casar com ela".

Sempre fui namorador. Fosse pela criação dos tios e primos perguntando se eu já tinha beijado alguém, ou pela fama de jogador de futebol ser atraente, a realidade é que eu nunca estava solteiro – até estava namorando quando conheci a Bruna. Ela também namorava, afinal, era a mais gata da cidade, e eu só ficava olhando. Quando tinha o desfile da Rainha de Santos, eu ia assistir e ela ganhava sempre.

Não tinha contato com ela, mas tinha com outras candidatas, então pedia convite para ir ao desfile, mas não falava que era só para ver a Bruna. Todo mundo falava da Bruninha na cidade, era mais famosa que eu, e em vários desfiles eu estava aplaudindo e sonhando acordado. Até que começamos a nos aproximar mais e, nessa época, caímos na mesma sala da escola.

Eu não perdi tempo. Ela me ajudava com alguns trabalhos do colégio e, certo dia, voltando da escola juntos, demos um beijo. A partir daí, sempre saía e ia empurrando a bicicleta até a casa dela após as aulas.

> **ELA TEM FORÇA, ELA TEM SENSIBILIDADE, ELA É GUERREIRA, ELA É UMA DEUSA, ELA É MULHER DE VERDADE.** [14]

Nunca tive dúvidas de que ela era a mulher da minha vida, mas o relacionamento também não me impediu de viver situações da juventude. Eu saía para baladinha e já cheguei a, na época, treinar sem dormir. Não vou dizer que fazia isso com frequência ou que era algo frequente a ponto de me prejudicar, porque a família marcava em cima, mas era algo normal de jovem querer curtir. Foi um período muito curto em que isso aconteceu. Éramos adolescentes, aproveitei muito, mas tinha a preocupação de não deixar de cumprir regras. Era automática a questão de

---

[14] ELA vai voltar (todos os defeitos de uma mulher perfeita). Intérprete: Charlie Brown Jr. Compositores: Chorão; Thiago Castanho. *In*: Imunidade musical. Rio de Janeiro: EMI Music Brasil, 2005. Faixa 6.

não extrapolar por conta dos horários de treino. Pelo meu grupo ser de jogadores, acabava sendo natural. Claro que íamos para festas, mas não dávamos brechas para nada que nos atrapalhasse no futebol. Desde sempre, fui muito focado.

Meu pai sempre foi disciplinador, e com ele aprendi que o compromisso com o futebol deveria vir em primeiro lugar. Claro, eu deveria me divertir, mas durante dias de semana, de treinos e campeonatos, o meu compromisso era com o meu melhor resultado possível dentro de campo, e esse ensinamento cresceu dentro de mim. Hoje, carrego essa lição para tudo o que faço, e isso me ajudou muito na fase da adolescência em Santos.

O sucesso que eu tinha dentro de campo também refletia além das paredes do colégio. Eu tinha o celular da moda, a roupa da Nike – a marca já me mandava material –, tinha toda essa sensação de jogador profissional. E a partir dos 15 anos, tudo isso se intensificou muito. Tive meu nome especulado na Seleção de base, toda aquela fixação que é normal, mas meu pai esteve sempre comigo como empresário. Isso me dava muita confiança, pois quando ele não estava em Santos e me procuravam, a resposta era sempre: "Fale com o meu pai". Ele era um protetor mesmo e tinha total convicção do meu valor, me valorizava demais.

Lembro-me de empresários chegando oferecendo muito dinheiro – muito! Eles ofereciam para ter direitos sobre minhas negociações e meu pai dizia que nunca, negava veementemente. Em alguns momentos, obviamente, eu ficava tentado. Depois, já mais velho, eu questionei o meu pai: "Mas por quê? É bom demais o que eles estão me oferecendo". E lembro-me muito da resposta dele: "O que é 1 milhão de reais hoje vão ser 20 milhões de reais amanhã. Não pode ser assim. Eles vão colocar você debaixo do braço e ficar oferecendo por aí". Ele tinha muito claro que funcionava como um leilão e, se fosse para fazer isso, nós precisávamos ter o controle.

Meu pai sempre se sentava com todo mundo. Conversava, ouvia, e eu sempre junto. Ele me levava para todas essas reuniões. Sempre. Era uma forma de me fazer entender como funciona o jogo fora de campo no mundo do futebol. Por mais que eu ficasse assustado muitas vezes, foi algo que me amadureceu muito. O tempo me ensinou que era verdade tudo o que ele falava, que ele estava certo. Isso foi muito importante para mim ao longo da carreira, mas confesso que também foi desgastante.

Como já disse algumas vezes, era impressionante como dentro de campo as coisas sempre davam certo. Naturalmente, esses fatores externos apareciam e se intensificavam. Fosse pelo lado das procuras de times, fosse pelo reconhecimento. E a Seleção brasileira era um caminho natural, por mais que eu não tivesse a menor noção de como as coisas aconteciam. Nunca joguei para ser convocado, nem pensava nisso.

Minha primeira convocação foi em 2000 para a Seleção sub-17. Estava no alojamento quando vieram me falar. Na primeira convocação, o seu Nelson, que cuidava de tudo no alojamento das categorias de base e era o cara que dava dura na gente e tal, me chamou e apresentou o fax da CBF com meu nome. Ali, eu achei que já era jogador de verdade, né!? Depois que eu fui entender que são muitos os jogadores que chegam a uma Seleção de base e sequer chegam ao profissional.

Eu já pensava: *Caraca! Sou da Seleção brasileira*. Mas foram apenas amistosos na cidade de Cantagalo, no interior do Rio. Lembro-me bem disso porque nunca tinha ouvido o nome da cidade. Eu entrei, joguei bem, mas não era titular. O treinador era o Sérgio Farias e passei a ser convocado regularmente. Era algo que mexia muito comigo, eu adorava! Na volta para Santos, só usava a bolsinha da Seleção, o boné. Era divertido. E foi quando começaram a falar em me subir para o profissional, ainda com 15 anos. Eu tinha toda aquela expectativa de assinar o primeiro contrato profissional também, mas só poderia após os 16 anos por conta da Lei Pelé.[15]

O Santos me pagava uma ajuda de custo de 250 reais (1.005,62 reais em valor corrigido pelo IPCA/IBGE em junho de 2021) desde os 13, 14 anos. Vinha em um envelope que eles deixavam no nosso quarto no alojamento. Nossa, eu fazia chover com esse dinheiro. Comprava tênis, lanche no McDonald's, pizza, vitamina, bolacha, um monte de coisa de um real e o dinheiro não acabava. Tinha os meus parceiros, Halisson Bruno, que depois até chegou a jogar no profissional do Santos, e Luizinho. A gente deitava e rolava.

Nessa época, minhas irmãs me contaram que minha família estava passando por algumas situações de dificuldade, e eu tentava mandar esse dinheiro para ajudar. Ligava todo orgulhoso e meu pai respondia: "Você não vai mandar nada. Vai pegar esse dinheiro e gastar aí com as coisas que você gosta". Ele pegava dinheiro emprestado para botar gasolina no carro, mas queria que eu tivesse o meu momento. Até que, aos 16 anos, chegou a hora de realmente ganhar dinheiro.

---

[15] LEI Pele. *In: Wikipedia*. Disponível em: https://pt.wikipedia.org/wiki/Lei_Pel%C3%A9. Acesso em: 13 ago. 2021.

Quando começou a negociação para a assinatura do primeiro contrato profissional, no início de 2001, meu nome já era muito falado no Santos. A expectativa era alta, e meu pai sabia muito bem como me valorizar. Nessa época, o Corinthians veio com uma proposta excelente. O clube também tinha uma estrutura ótima de categorias de base, me conhecia, e me ofereceu 7 mil reais de salário – valor que, corrigido para os dias atuais, seria 37 mil reais. Além disso, tinha luvas – como se chama uma bolada que o jogador ganha no ato da negociação – de 200 mil reais diluídos em dois anos. Eram valores fora do padrão até entre os profissionais na época.

Eu sequer conseguia entender o que significava essa quantidade de dinheiro, mas meu pai jogava muito limpo comigo. Íamos juntos a todas as reuniões com o Santos, até que ele botou na mesa a proposta do Corinthians e disse: "Para o Diego ficar, precisa pagar tanto", que era ainda um pouco mais. O Santos tinha um dirigente do time profissional, chamado Dagoberto, que me adorava, mas ficou espantado e disse que meu pai estava ficando doido.

Esse diretor já tinha me chamado para conversar, ainda com 15 anos, para falar que queria muito me subir para o profissional, mas tinha medo de ser precoce, de me queimar. Todo dia que ele me via, me perguntava se eu estava preparado. Sempre. E eu sempre dizia que sim. Muitas vezes eu estava no alojamento e ele mandava me chamar: "E aí? Está pronto? Quero te subir para o profissional, mas tenho medo de te queimar". Foram várias vezes.

E assim seguiu a negociação. A preocupação era como explicar um investimento tão alto por um garoto. Realmente era uma situação delicada. Só que meu pai se manteve bem firme.

Era uma sensação estranha. Por um lado, eu iria para o Corinthians, e imaginava como que um clube tão grande me queria e meu pai apoiava. Por outro, tinha a parte sentimental de tudo que eu vivi no Santos. Fiquei na torcida para que houvesse o acerto, para que as coisas dessem certo. E acabou que eles não me deixaram sair e pagaram o que meu pai pediu. Foi meu primeiro contrato profissional, assinado em março de 2001.

Minha primeira atitude foi contar para meus companheiros de quarto do alojamento que ia alugar um apartamento e eles iam morar comigo. Foi uma alegria! Eu não tinha muita noção do dinheiro, só sabia que dava para alugar um apartamento, sobrar dinheiro e fazer ainda mais coisas. E era isso que me importava na época. Eu chegava todo empolgado para conversar com meu pai e ele só falava que sim, tudo bem, beleza. Na verdade, ele já tinha tudo planejado na cabeça, e estava soltando o fio pra ver até onde eu iria.

Saímos pela cidade e olhamos vários locais. Eram ótimos, mas muito simples. Até que visitamos um deles em um prédio novinho, branco, bonito, na quadra da praia. Ele apontou e falou: "Aquele é bonito, hein?!". Eu só pensava que devia ser muito caro, mas fomos lá. Entramos, visitamos o apartamento e meus olhos brilhavam.

Lembro-me de que ele falava firme: "Para comprar uma coisa cara assim, Diego, precisa estar empolgado. Precisa estar motivado!". Descemos e fizemos uma proposta de compra para o apartamento. Eu achava loucura, não tinha noção alguma. Depois, fui entender que tudo fazia parte da preocupação dele de me apertar e ensinar a valorizar o dinheiro. Na proposta de compra parcelada, dos 7.500 reais do meu salário, só sobrariam 1.500 reais para eu gastar. Praticamente todo valor da negociação foi para o apartamento.

Não sobrou dinheiro nem para mobiliar o local. Colocamos lá umas cadeiras de praia, umas mesas, e era o que eu tinha, além de uma bicicleta. A Bruna já ia lá na época, além dos meus amigos. Era a despedida do período do alojamento, que me deixou lembranças muito legais e importantes. Só de escrever, passa um filme pela minha cabeça.

Tudo isso com meu pai foi muito importante para me dar sustentação nesse processo de formação. Foi uma atitude muito nobre dele, que já estava preocupado em investir e adquirir um patrimônio para mim em vez de me deixar torrar tudo o que ganhasse. Naquele dia, ele me deu uma aula incrível sobre como cuidar do que você recebe.

Por outro lado, nunca foi fácil. Ter um empresário forte no mercado da bola é como se fosse dirigir por caminho asfaltado, mas eu e meu pai enfrentávamos um chão de terra.

Enfrentei muita chantagem e ameaças. Claro que não são todos, mas muitos empresários têm esquema, combinação com diretor, com treinador, exigências, facilitações. Só que meu pai confiava muito no meu potencial e que isso iria sobressair. Foi uma vida toda de estrada de terra que percorremos juntos.

QUANDO COMPREENDEMOS QUE A MUDANÇA, POR MAIS ESTRANHA E DOLOROSA QUE POSSA PARECER, NOS BENEFICIARÁ E ESTÁ DE ACORDO COM O QUE DESEJAMOS CONSTRUIR NO FUTURO, TUDO SE TORNA MAIS FÁCIL.

Djair da Cunha, pai de Diego e seu empresário por toda a carreira

O Diego é o meu filho caçula. Sempre sonhei em ter um filho homem pela minha relação com o futebol, ainda mais em uma época em que as meninas não eram incentivadas nesse caminho. Ainda quando tinha 2 aninhos, ele ia nas quadras com a mãe e ficava na tela, pendurado, me vendo jogar. De imediato, vimos o atrativo dele pela bola. Foi uma época muito bacana. Aos 6, tivemos a possibilidade de colocá-lo em uma escolinha e teve início a caminhada no futebol.

É uma trajetória com muitas etapas e conquistas por uma somatória de temperos que o atleta precisa ter, e o Diego teve. Teve como filho, como profissional, como homem e como pai. Sempre foi uma pessoa que agregou qualidade, dedicação, respeito pelo trabalho que se propôs a fazer, pelos amigos que estiveram ao lado, e foi coroado com uma carreira brilhante.

A trajetória de um jogador de futebol é árdua, com altos e baixos, e é preciso encarar de frente sempre. Não há uma constância de estar sempre 100%. É uma caminhada na qual você ganha e perde, e é preciso sempre se aprimorar, se dedicar, dar o máximo de si. O mais importante é a lealdade que você apresenta, e o Diego sempre foi muito fiel aos clubes que passou.

Demonstrou em todas as etapas uma personalidade muito forte com dedicação e exemplo. Essa é uma marca registrada do Diego dentro do futebol. Se transformou em exemplo para muitos jovens jogadores. Houve momentos de dificuldade, mas ele sempre deu a volta por cima e colheu os frutos.

Em toda a nossa caminhada dentro do futebol, fui o representante do Diego. Assinamos o primeiro contrato quando ele tinha 16 anos e inovamos ao negociar com o Santos parte do percentual dos direitos federativos. O jogador é o principal produto nas negociações do futebol e, desde muito cedo, fiz questão que o Diego participasse de todo esse processo, que soubesse dos valores para ter entendimento do que o trabalho dele teria como responsabilidade.

Foi uma situação muito bacana, porque desde muito pequeno levei o Diego para a mesa de negociações. Foi um processo que sempre deu certo. Conversávamos antes o que seria proposto, e o Diego fazia as ponderações pertinentes para a valorização de seu trabalho.

O processo desse modo facilitou muito para que nos organizássemos na condução da carreira. Ele como jogador, eu como pai e empresário. A confiança sempre foi mútua e buscávamos o melhor como profissionais. Conversávamos sobre a divisão no percentual dos direitos que determinariam o futuro dele, sempre confiando muito no trabalho que ele desenvolveria dentro de campo. E foi dessa maneira que conduzimos as negociações com o Santos, com o Porto, com o Werder Bremen, até que decidimos vender o que pertencia a ele para a Juventus, na Itália.

Todo esse processo deu o conhecimento de mercado necessário para que ele tivesse a consciência da condução de sua carreira. O Diego sempre foi muito atento aos valores das operações, aos valores de contrato, e isso foi essencial não somente para que ele soubesse dos números, mas para aprender a conduzir as situações.

É importante que o jogador participe desses momentos para ter noção do que gira em torno do trabalho dele. Isso é imprescindível para saber a grandeza do que viria pela frente, e foi algo que deu sempre muita consciência ao Diego.

Durante a trajetória, surgiram empresários que caíram de paraquedas nas negociações e geraram situações muito desconfortáveis. Mas na condução delas, sempre fizemos questão de que predominassem as nossas opiniões decididas de comum acordo. Acabávamos tirando esses intrusos assim.

Foi uma caminhada longa, de muita parceria e que, não tenho dúvidas, foi fundamental para a formação do Diego muito além de apenas um jogador de futebol. O atleta é a peça fundamental do que está sendo debatido e precisa fazer parte de todas as etapas.

A história que contei neste capítulo foi o período quando a brincadeira começou a virar papo de adulto – muito antes de eu me tornar sequer um adolescente formado. Não foi fácil sair da minha zona de conforto, mas era necessário. Como disse, no meu trabalho eu tinha sucesso, eu acreditava no meu potencial! A questão era: até onde a minha coragem me levaria nessa nova trilha?

É importante pontuar que nada pode acontecer de maneira abrupta. Em qualquer ambiente de trabalho, um dos pontos fundamentais é a possibilidade de você se dedicar ao que se dispõe a executar e conseguir tirar do caminho tudo o que o atrapalha nessa evolução.

Foi uma fase também na qual me moldei como profissional, aprendi a me posicionar, me impor e também a me desviar das tentações. No desenvolvimento profissional, você encontrará muitos caminhos, mas é preciso pensar no longo prazo para escolher aquele que realmente o levará aonde deseja chegar.

Você está pronto para uma nova fase do jogo?

- **Você está disposto a sair de sua zona de conforto?**
- **Está disposto a abrir mão de alguns luxos para colher maiores frutos lá na frente?**
- **Aceita que precisará conviver e se destacar em meio a uma concorrência muito mais acirrada do que a atual?**

Se você respondeu "sim" para todas as questões anteriores, seja bem-vindo ao novo capítulo da sua jornada!

CAPÍTULO 4

Oficialmente, um profissional do futebol

Traçar um caminho novo tornará o seu percurso mais desafiador, mas diante da certeza do que se deseja, as dificuldades jamais serão maiores do que a sua força em se manter na direção traçada. Até aqui, conversamos bastante sobre o início de um sonho e como é preciso desenvolver o nosso autoconhecimento e blindar as nossas fragilidades para dar o primeiro passo.

O crescimento leva tempo. O quanto isso significa depende muito de qual é o seu foco, a qual distância você se encontra do objetivo e qual será a sua velocidade de execução. No entanto, uma certeza prevalecerá: a cada etapa concluída, a sua convicção de que a coisa realmente vai acontecer vai sempre aumentar. Agora, a sensação de almejar algo maior é uma constante, e você, assim como eu com 16 anos, se encontra em uma etapa de transição. E o desafio seguinte é claro: tornar-se o melhor.

Para mim, naquela época, o desafio era me tornar um jogador de futebol profissional. O meu ciclo nas categorias de base estava se esgotando. Eu jogava pelo Sub-20 mesmo sendo bem mais novo que a maioria do time e o capítulo quase que definitivo foi a disputa da Copa do Mundo Sub-17 de 2001, em Trindade e Tobago. Foi uma sensação maravilhosa defender o Brasil. Ali, eu comecei a me sentir importante. Quando fomos campeões do Sul-Americano, no início do ano, e nos classificamos para o Mundial, lembro-me de no avião ler em uma manchete na *Folha de S.Paulo*: "Seleção Sub-17 é campeã". Foi a primeira vez que me vi assim em destaque, eu lá na foto vestindo a camisa do Brasil.

No Mundial, em setembro, participei dos três primeiros jogos, mas os franceses acabaram campeões. Porém, apesar de não termos vencido, não foi uma grande decepção, e minha vontade persistia em chegar ao profissional. Eu sempre pulava de categoria, jogava com jogadores mais velhos, e quando assinei o contrato e já tinha vivido essas experiências, sabia que estava perto de alcançar o meu objetivo.

O processo de preparação é essencial para saber quando estamos prontos para o próximo passo, além de comunicarmos aos outros exatamente isso. Para tudo o que desejamos fazer na vida, por bem ou por mal, precisamos ser reconhecidos pelo nosso talento e profissionalismo, e foi justamente isso que fiz durante todo o início da minha carreira. E, como eu tanto aguardava, o reconhecimento pelo meu esforço chegou, logo no começo de 2002.

Disputamos a tradicional Copa São Paulo de Futebol Júnior no início do ano, fizemos uma boa fase de grupos e já havia um burburinho muito grande, até mesmo uma cobrança da torcida, de que eu devia subir para o profissional. O Celso Roth era o técnico do Santos na época e foi assistir a estreia da nossa equipe na Copinha, contra o Bahia.

Isso logo chamou a nossa atenção e foi um jogo que eu joguei para caramba. Ganhamos por 5 a 0, e eu fiz dois gols. Sabia que tinha deixado uma boa impressão. Atropelamos na chave, fizemos onze gols em três jogos, não sofremos nenhum, mas acabamos eliminados na fase seguinte para o Flamengo. Uma partida que terminou 0 a 0, que perdemos nos pênaltis. Logo depois, no vestiário, o diretor das categorias de base chegou com uma lista.

Era dia 17 de janeiro, e ele disse: "Amanhã se apresentam no profissional tais jogadores", e falou meu nome. Depois, descobri que o Roth viu alguns dos meus jogos e fez essa lista de quem ele queria na temporada. A minha alegria foi enorme, eu consigo me lembrar de tudo daquele dia até hoje. A primeira coisa que eu fiz foi ligar para meus pais, fiquei tão em êxtase que a notícia superou qualquer frustração pela eliminação.

> **SE EU NÃO BUSCO A PERFEIÇÃO EM NINGUÉM, EU NÃO QUERO QUE BUSQUE ISSO EM MIM.** [16]

---

[16] O ERRADO que deu certo. Intérprete: Charlie Brown Jr. Compositores: Chorão; Luiz Carlos Leão Duarte Jr.; Marco Antônio Valentin Britto Jr.; Renato Pelado. *In*: Tamo aí na atividade. Rio de Janeiro: EMI Music Brasil, 2004. Faixa 12.

Naquela época, o profissional do Santos também contava com o Robert no meio-campo, o Clebão na zaga, o Carlos Germano no gol, e o zagueiro Odvan, que foi meu primeiro parceiro de quarto. Tenho várias histórias com ele, era muito divertido, e praticamente me adotou naquele começo. Eu aproveitava cada pequeno detalhe do profissional. E, já no primeiro dia, eu passei por uma história curiosa com o fisioterapeuta Luiz Rosan, que depois se tornou um grande amigo.

No dia seguinte ao jogo do Bahia, me apresentei no CT do profissional. Ao pegar meu uniforme, descobri que não havia diferença entre P, M e G, e a roupa ficou gigantesca em mim. Me reuni com outros jogadores e ficamos à espera do treinador. Era tudo muito novo para mim e eu me sentia desconfortável naquele uniforme enorme. Na época eu não sabia, mas o Rosan tinha uma fama de ser brincalhão, e quando chegou, já foi logo falando comigo:

— Boa tarde! Como é o seu nome? Diego? Estão falando por aí que Diego tem que subir, que Diego é isso, que Diego é aquilo, que joga muito... Pensei que era um cara de uns dois metros de altura, forte. Um baixinho desse aqui? É brincadeira!

Falou isso e saiu andando. Todo mundo começou a dar risada de mim, e eu fiquei com raiva... Depois descobri que ele só estava brincando. Treinamos e não houve tratamento especial. O Celso Roth não fez nenhum discurso específico, não me aconselhou, e apenas reforçou para que os marcadores chegassem mais forte. Nessa época, eu treinei com o Paulo Almeida, o Elano, o Renato... E todo mundo já havia ouvido falar de mim, mas eu não sabia disso – e a minha fama era de folgado!

Um ano antes, eu tive uma confusão com o Deivid, atacante campeão com Santos, Corinthians e Cruzeiro. Ele foi acompanhar um jogo nosso da base e ficou dando palpite, até que um momento eu me irritei e o xinguei. Ele foi tirar satisfação, deu uma confusão danada, foi preciso até nos separar. No mesmo dia, mais tarde, nos encontramos no shopping e a confusão só não foi maior porque o segurança dele na época nos separou. Porém, anos depois, em 2004, fomos companheiros de quarto e viramos amigos.

Eu ganhei a fama de ser abusado, além de ser um nome muito comentado. E por isso sofri um pouco no início. Quem já estava no profissional chegava junto, batia forte nos treinos, sem ligar se a pessoa estava apenas começando e ainda aprendendo aquela nova maneira de jogar – nem se era mais franzino e com vários centímetros a menos.

Apesar dessa recepção mais pesada, eu evolui muito rápido. Logo no primeiro jogo da temporada, já fui escalado, mesmo tendo acabado de chegar. Como não sabia que seria selecionado, fui ao centro de treinamento sem roupa de concentração e fui surpreendido com a novidade. Na emoção, eu nem pensei. Peguei o carro do Wellington, um colega, fui rapidamente para casa pegar as coisas, passei na casa da Bruna para avisar e fui para o hotel. Detalhe: eu não nem tinha carteira de motorista ainda, mas a minha emoção de estrear pelo profissional era mais forte do que o meu juízo.

Foi um jogo no dia 20 de janeiro de 2002, contra o América do Rio, pelo Torneio Rio-São Paulo. Entrei no segundo tempo, no lugar do Eduardo Marques, e joguei bem. Lembro-me de que sofri um pênalti, mas que o Robert perdeu, que chutei uma bola na trave e que vencemos por 3 a 0. Ali, eu já comecei a virar o xodó da torcida. O primeiro jogo como titular foi contra o Palmeiras, dia 9 de fevereiro, no Parque Antarctica; e o primeiro gol no 4 a 2 contra o Ji-Paraná (RO), pela Copa do Brasil, na Vila Belmiro, dia 13. Foi uma sensação única!

A repercussão desse início foi muito grande entre a imprensa e a torcida. Eu me destacava muito nos treinamentos e o Celso sempre falava para eu ir para cima, driblar os oponentes; ele me colocou para jogar.

Dos adversários, eu sentia uma intimidação muito grande. Naquela época, não se respeitava os mais novos, o que mudou bastante hoje em dia. Era hábito botar medo em quem estava começando, fosse por competitividade natural, ou por enxergar que ali estava a nova geração, com uma atitude e um olhar totalmente diferente.

Em todo campo profissional esse comportamento se repete, e quem já tem experiência no cargo costuma desafiar, cutucar e testar aqueles que estão começando, apesar da capacidade técnica. Isso acontece, principalmente, porque quem já está em destaque exige respeito por todo o caminho que já trilhou – e isso vale para gerentes,

CEOs, coordenadores e todos os cargos mais altos em uma empresa. Por conta desse sentimento, algumas pessoas vão guiar seus novos colegas de time com uma mão mais firme, colocando mais pressão e testando até onde aquela nova figura ilustre conseguirá aguentar e se desenvolver sem se rebaixar pelo ambiente hostil.

Atitudes como essa garantem que o profissional cresça mais forte e aprenda a lidar com uma competitividade que, em muitas vezes, será dura e difícil de superar, exigindo muito autoconhecimento, certeza de si e inteligência emocional. É válido reforçar que esse tipo de pressão também traz prejuízos. É possível incentivar sem transformar o ambiente de trabalho em um local ruim.

Em toda a minha carreira, esses três elementos me guiaram e me ajudaram a vencer diante de qualquer cenário, e eles podem ser implementados para todas as situações. Veja bem, logo no início da minha trajetória profissional eu vivi um momento de conflito com o Juninho Paulista, um meia que seria campeão do mundo com o Brasil naquele mesmo 2002. Durante um jogo contra o Flamengo, eu dei uma caneta no Juninho, jogada que coloca a bola entre as pernas e, bem, faz o outro jogador passar vergonha. Não é que faltasse técnica ao Juninho, mas eu tinha tanta sede de me provar que acabei tentando me mostrar superior ao meu colega mais experiente, e isso o aborreceu, apesar de ter sido um movimento natural de jogo.

Durante o bate-boca, o Marcelo Silva, capitão do Santos na época, também se intrometeu e defendeu o Juninho. Não abaixei a cabeça e argumentei com os dois. E não deu outra: no dia seguinte, no vestiário, fui reprovado não apenas pelo Marcelo, mas também pelo Celso. Entendi que, na opinião deles, havia passado do limite e que ali, talvez, estivesse o fim da minha carreira.

Agora, imagine o seu gerente (no meu caso, o capitão) e o seu diretor (no meu caso, o treinador) criticando toda a sua performance durante o último projeto que sua equipe desenvolveu. Por mais que o resultado tenha sido vencedor e que minha atitude tenha ajudado nesse resultado, o meu comportamento para com o time não foi avaliado como ideal, e eu estava sofrendo por aquela conduta.

Porém, aqui vai um segredo: durante todo o tempo eu acreditei em minha capacidade e ousei arriscar uma execução durante o jogo que não era a esperada de mim naquele início. Isso aborreceu quem estava ali na ponta a mais tempo, mas também mostrou que eu não estava no jogo apenas para seguir ordens sem questionar.

Quantas vezes você já se deparou com uma situação em sua empresa que poderia ser diferente, mas deixou de arriscar uma atitude inovadora por medo de desagradar seus superiores? Uma ação assim exige muito conhecimento do próprio talento e confiança de que o que você deseja fazer resultará em algo positivo e transformador.

Preparar-se para arriscar, ousar uma nova jogada e se colocar em evidência diante de toda a equipe exige muito autoconhecimento, mas também abre possibilidade para reprimendas. Elas, por sua vez, exigirão uma outra questão: inteligência emocional para lidar com as críticas bem o suficiente para diferenciar onde você errou e onde você acertou.

Durante a bronca do Celso e do Marcelo, eu achava que minha carreira estava acabada. Não tive o suporte emocional necessário para entender a mensagem que estava por trás: eu ainda não estava preparado para assumir uma atitude dessas, ainda tinha pouca experiência e precisava crescer para enfrentar as consequências diante do oponente com uma postura melhor do que o xingar como um adolescente ofendido. A minha atitude precisava estar nivelada com o meu talento. Ainda havia muita estrada para percorrer antes de eu me equiparar aos outros jogadores mais experientes.

> **❝ CUIDADO COM O DESTINO, ELE BRINCA COM AS PESSOAS. ❞** [17]

A minha carreira não acabou ali, claro, mas o gosto amargo me acompanhou por muito tempo. Porém, algo incrível aconteceu: o Celso continuou a me colocar em jogo e, mesmo que minha atitude

---

[17] MEU novo mundo. Intérprete: Charlie Brown Jr. Compositores: Chorão; Thiago Castanho. *In*: La Família 013. Rio de Janeiro: EMI Music Brasil, 2003. Faixa 4.

desafiadora se mantivesse de pé, ele nunca mais me tirou do time titular. Essa foi uma lição muito importante para mim porque, com o tempo, eu compreendi o que aquela atitude significava. O Celso, como um ótimo treinador, via o meu talento e a minha vontade de fazer acontecer, e me deu a oportunidade de me mostrar, o que gerou cada vez mais resultados significativos para o time e para mim enquanto profissional.

O que o leva para esse resultado não é apenas uma atitude rebelde, como a minha no início, mas a força de vontade de mostrar o seu valor, de entregar resultados positivos para o time e de inovar no campo à sua maneira, com as suas habilidades e modo de ver únicos. Essa é a diferença entre ousar sem ter o que entregar e ousar mostrando para todos que um novo caminho é possível, e até melhor.

Tudo faz parte de um processo de adaptação em que o ambiente profissional, o jogo dos grandes peixes, começa a se tornar confortável e você passa a se enxergar como parte daquele ecossistema.

Eu sempre senti o frio na barriga, a mão transpirava, mas quando a bola rolava era aquilo: *Eu vou me destacar e ninguém vai me parar.* Era uma mistura de talento com uma vontade muito forte para me impor. E isso permeou toda a minha trajetória no futebol, com o desejo de me destacar e desenvolver a minha capacidade de decisão nos momentos mais importantes.

No entanto, por mais que discutisse e me exaltasse, eu nunca perdi o controle da situação. O que faz a diferença, na minha opinião, quase sempre mais do que somente o talento, é a atitude. Então, ter a atitude correta em momentos importantes, mesmo que você não tenha a melhor técnica, por exemplo, é algo que vai diferenciá-lo no meio da multidão.

A minha atitude sempre fez toda a diferença, pois é ela que comunica a vontade de fazer acontecer. O corpo fala. Quando eu chegava em qualquer lugar, mesmo como um moleque em Ribeirão Preto, já era com energia, pedindo a bola, cabeça em pé. São gestos, movimentos e comportamentos que mostram que você entrou em campo antes mesmo de estar com a bola nos pés.

Essa atitude foi o que me ajudou nos momentos em que o Santos não ia bem. Por mais que a estrutura ao redor não desenvolvesse o esperado, eu estava determinado em cumprir o meu papel da melhor maneira possível. Foi assim que não me deixei impactar pelas chegadas mais fortes, pela discussão com um jogador do tamanho do Juninho Paulista, pela bronca do meu capitão reforçada pelo treinador. Tudo isso transformou aquele primeiro semestre no profissional um grande aprendizado e preparo para a responsabilidade que estava por vir, e que se tornaria algo ainda mais grandioso com o título brasileiro, no fim daquele mesmo ano.

O QUE FAZ A DIFERENÇA, NA MINHA OPINIÃO, QUASE SEMPRE MAIS DO QUE SOMENTE O TALENTO, É A ATITUDE.

Celso Roth, treinador de Diego no Santos, responsável pela sua chegada ao profissional, aos 16 anos, em 2002

Falar do Diego é uma satisfação, é um prazer que me remete a lembranças lindas do Santos nas quais ele é parte muito importante. Cheguei em 2002, e o clube vinha de um ano muito complicado, sem dinheiro para fazer contratações. Como sempre se faz, voltamos as atenções para as categorias de base. Estávamos em pré-temporada e fui assistir aos jogos da Taça São Paulo de Juniores. Encontrei garotos espetaculares, dentre eles o Diego, que acabei convocando para o elenco principal.

O Diego, obviamente, se destacou. Já tinha um perfil físico formado, algo impressionante para a idade, e isso chamou ainda mais atenção. Começou a apresentar, nos trabalhos feitos, uma condição técnica muito boa, como já sabíamos, e uma outra situação diferenciada dos demais. O Diego chegou ao plantel profissional do Santos com família. Pois é, formação familiar. O Diego tinha família e isso faz toda a diferença.

Sabem por quê? Porque o Diego tinha limites. Tinha respeito pelos atletas, pelos companheiros, pelo treinador. Tinha noção de hierarquia. Isso é muito importante. A parte cognitiva do Diego era desenvolvida por ter tido a oportunidade de ter uma sequência na escola. Já naquele momento, com 17 anos, tinha capacidade de agir abstratamente, de fazer coisas por meio da imaginação, de criar.

A partir daí, foi simplesmente uma questão de tempo para que pudesse se adaptar rapidamente e participar da equipe principal. Lembro-me de que o titular da posição era o Robert, um meia com qualidade técnica espetacular, muita visão de jogo, um jogador conhecido dos santistas. E eu conversava muito com o Diego sobre o assunto: "Olha, tu tem que estar pronto. Trabalha forte que a oportunidade vai chegar."

Não demorou muito e, por ter o perfil físico formado, uma qualidade técnica ímpar e uma parte cognitiva desenvolvida para se sustentar na condição tática, o Diego foi um jogador muito importante e de destaque no Santos. Ele se integrou, se entregou e ouviu muito o que falávamos.

É uma satisfação muito grande para um treinador – vale tanto quanto um título –, um craque como o Diego lembrar e dizer que, em algum momento da história, o treinador o ajudou. É uma lembrança fantástica para quem educa, para quem é treinador e trabalha para que as pessoas sigam uma formação não só de jogador, mas de cidadão.

O Diego tem essa personalidade. É um grande cidadão, além de um craque que todos sabemos. Falar da condição técnica do Diego para quê? Ele é conhecido mundialmente por isso. Mas talento não é tudo. Nessa transição do jogador jovem para o elenco profissional de uma equipe é fundamental que ele saiba ouvir. Para ouvir, é preciso ter respeito. Para ter respeito, é preciso ter família.

O Diego descobriu que podia ir além por ter tudo isso dentro dele. Está até hoje dentro de uma condição técnica e de liderança no Flamengo por conta desse caráter. É uma formação familiar que tenho como exemplo para todos os jovens. Infelizmente, não são todos que têm essa possibilidade – geralmente, eles chegam de longe e os profissionais do clube que se tornam essa família. Vem daí a defasagem. Pai e mãe são insubstituíveis.

Até hoje, o Diego é exemplo. Tem a família dele e permanece com a mesma personalidade. Fico muito feliz por lembrar do tempo que vivemos juntos. Uma pena que não tenhamos a chance de conviver com quem trabalhamos. É o mundo do futebol. Obrigado, Diego, por ter lembrado de mim! Você é um exemplo.

Vejo que, hoje em dia, as pessoas, independentemente da área em que atuam, têm tudo que precisam dentro delas, mas não conseguem colocar para fora no momento em que é necessário agir. A pressão que vem do mercado muitas vezes nos trava, e é aí que a preparação, não somente nas habilidades, mas também no comportamento, torna-se primordial.

E mesmo que as condições não sejam as ideais naquele momento, é preciso ter atitude. Vivi isso muitas vezes na carreira, quando estava cansado, desgastado, longe das condições físicas ideais. Saber o que você está disposto a entregar e sacrificar para cumprir um objetivo é primordial.

Ao longo de uma trajetória profissional, vão ter muitas ocasiões em que aquela oportunidade tão esperada vai bater na nossa porta e as condições não serão ideais. Mas não era aquilo que estávamos esperando tanto? Então precisamos fazer acontecer. O ambiente perfeito não existe, a junção da plenitude física e mental. As frustrações precisam ser momentâneas e não o centro de nossas ações.

Para desenvolver uma atitude campeã, precisei sempre refletir nos pontos abaixo, e acredito que eles podem ser questionamentos importantes também na sua jornada:

- O que você faz para ter autoconhecimento suficiente para manter o equilíbrio em situações de muita expectativa?
- Você se sente preparado para se destacar mesmo que os resultados coletivos não estejam dentro do esperado?

- Quando sua empresa não caminha como desejado, você se deixa levar pelo rendimento coletivo ou chama a responsabilidade para cumprir a sua parte?
- De que maneira você encararia uma grande oportunidade em um momento inesperado e na qual você não se sinta pleno de suas habilidades?

CAPÍTULO 5

Realização, dor e coragem caminham juntas

A minha passagem pelo profissional do Santos foi meteórica e me ensinou muito sobre estar preparado para as oportunidades, sejam quais forem, além de reforçar aquela premissa que eu já trazia comigo de manter o prazer lado a lado com a dificuldade. Foi exatamente o que aconteceu em 2002. Por mais que os problemas fossem muitos, o prazer de jogar futebol prevaleceu. Só assim para explicar o que os garotos e eu vivemos no segundo semestre.

Os resultados não eram os esperados até ali, e a diretoria trocou o técnico Celso Roth pelo Emerson Leão, ex-goleiro com participação em quatro Copas do Mundo, campeão em 1970 e um dos treinadores com maior fama de disciplinador daquela época. Quando chegou, o Leão, apesar de suas passagens marcantes pelos times, não estava bem e vinha sofrendo muitas críticas.

Já no primeiro treinamento coletivo ele sentiu que aquela sua nova equipe estava em apuros e questionou: "Será que um time desses está preparado?". Ele sentia que ia dar ruim, pois um bando de garotos caiu na mão dele e a sensação no primeiro momento era de que o jeito seria, no mínimo, tentar não cair para a segunda divisão. Pouco depois, no dia a dia, essa sensação mudou um pouco quando ele viu que tínhamos certa qualidade. Fizemos alguns testes, ajustes aqui, ajustes ali, e enfrentamos o Corinthians na Vila Belmiro em amistoso. O Corinthians era o time top daquele momento, campeão do Rio-São Paulo e da Copa do Brasil – e mesmo assim vencemos por 3 a 1. Nós deitamos e rolamos. Caneta, chapéu, bem ao estilo do Santos que ia encantar o Brasil lá na frente, foi a virada de chave. A partir dali, Leão abraçou o time e se mostrou o comandante ideal para aquele momento.

O nosso jogo era um futebol que só se importava em se divertir. Não pensávamos muito em ser campeões do Brasileirão. Nós queríamos jogar, curtir o momento de estar no profissional. Éramos um time muito jovem e que tinha essa leveza, era bonito ver como lidamos de maneira espontânea e alegre com aquela responsabilidade de defender o Santos. A pressão do futebol muitas vezes nos traz rigidez, e até desmotiva, mas naquela época vivíamos esse comportamento alegre. Íamos para os jogos, abríamos a janela do ônibus e gritávamos para os torcedores adversários: "Vamos deitar no seu time hoje". Era um clima muito bom. Éramos meninos preocupados em se divertir e em jogar futebol. Dessa mesma forma, fomos para o Campeonato Brasileiro.

Fizemos uma boa primeira fase, mas nada demais. Naquela época, o Brasileirão ainda não era disputado em pontos corridos – era um turno único, no qual os oito primeiros colocados se classificavam para a fase de mata-mata. E fomos ali brigando pela oitava colocação com o Coritiba até o fim. Na última rodada, enfrentamos o São Caetano, no Estádio Anacleto Campanella e perdemos por 3 a 2. Era uma partida que precisávamos vencer para nos classificar.

Quando acabou o jogo, o Léo, lateral-esquerdo, já saiu de campo chorando a eliminação, até que um repórter de campo deu a notícia: "O Coritiba perdeu para o Gama!". O Gama já estava rebaixado e acabou nos ajudando, nem contávamos com esse resultado. Foi uma alegria muito grande. Ficamos na oitava colocação com 39 pontos e enfrentaríamos, nas quartas de final, o São Paulo, líder com 52, totalmente favorito.

O Leão teve papel muito importante na campanha. Desde aquele jogo contra o Corinthians, o amistoso, ele mudou o seu jeito completamente. Foi um paizão para todos nós. O auxiliar de campo dele, Pedro Santilli, dizia: "Nunca vi o Leão desse jeito brincalhão." E depois dessa classificação improvável, ele falou uma frase que não esquecemos nunca mais. Em reunião, o Leão disse:

— Éramos o rapaz mais feio do baile. Estávamos lá sentados, sem ninguém olhar para nós. Aí, a mulher mais bonita estendeu a mão e nos chamou para dançar (era o São Paulo). E aí, vamos fazer o que: dançar ou ficar travado?

Todo mundo deu risada e, a partir dali, demos um show. Esse confronto com o São Paulo, definitivamente, mudou tudo. Foi quando deu o clique em todos nós e o Brasil inteiro passou a ver o talento daqueles meninos do Santos.

Eu já era titular absoluto da equipe, jogava sempre, era importante, mas tudo mudou com a classificação para o mata-mata. O time que não tinha expectativa de nada passou a receber a pressão de conquistar algo importante. Foi um campeonato em que meu nome foi muito vinculado a propostas do futebol europeu, e no treino antes do primeiro jogo contra o São Paulo, estenderam uma faixa na Vila Belmiro: "Diego, para de pensar na Europa, joga bola e não pipoca".

Naquela época, tinha saído uma reportagem no jornal *Lance!*: uma foto minha com as mãos para cima, e colocaram dólares na imagem.

O Tottenham Hotspur, da Inglaterra, tinha oferecido 12 milhões de dólares por mim, meu pai tinha viajado para visitar o clube e as coisas estavam bem encaminhadas, mas só para depois do Brasileirão. No entanto, a mídia focou apenas no salário, que era muito dinheiro – e não era culpa minha se todos começaram a acreditar que eu estava perdendo o foco no Brasil.

Lembro-me de que eu estava aquecendo na roda de bobinho e vi os torcedores estendendo aquela faixa. O Leão, de longe, ficou olhando e me disse: "Mostre a eles amanhã. Mostre do que você é capaz". E foi realmente esse sentimento que despertou em mim, eu sentia raiva, queria provar que eles estavam errados. Foi tão forte a emoção que fiz um gol na partida e a minha comemoração foi raivosa. Meus companheiros tentaram me segurar e não conseguiram. Fui até uma torcida organizada e xinguei. Fui até a outra e xinguei. Uma coisa rebelde mesmo, pois eu estava pegando fogo.

Esse primeiro jogo foi dia 24 de novembro. O São Paulo era o time mais badalado, a imprensa só falava deles, o Kaká tinha sido campeão do mundo pela Seleção, mas, apesar de tudo isso, vencemos por 3 a 1. Esse meu gol foi o terceiro, já aos vinte e um minutos do segundo tempo. Era o jogo mais decisivo da minha carreira, a pressão estava muito grande, quase 20 mil pessoas na Vila Belmiro, e eu joguei muito bem. O desabafo na comemoração foi tão intenso que eu não aguentei, minha musculatura travou toda, pois a ansiedade estava muito forte. Precisei sair de maca e a torcida toda gritando meu nome – e eu com a sensação de que, a partir dali, as coisas iam seguir com uma relação mais harmônica.

Com essa vitória, nós assumimos mesmo, até internamente, que éramos bons, que não ia ter time para nos parar. E fomos para o Morumbi com essa mentalidade. O fato de a responsabilidade ser toda do São Paulo nos favoreceu. Fomos para o estádio tranquilos, aproveitando aquele ambiente de decisão que era novidade para todos nós. Todas as reportagens davam o São Paulo como mais forte, mas em campo eles não conseguiam nos marcar, não conseguiam resolver o jogo.

E aconteceu assim também no Morumbi. Foi até um jogo mais truncado do que na Vila, não fluiu tanto, mas conseguimos. Ficou 1 a 1 até o fim – tínhamos a vantagem de perder até por um gol – e, quando eu marquei o 2 a 1, aos quarenta e sete minutos do segundo tempo, foi um alívio gigantesco. Classificamos! Engraçado que minha família só conseguiu ingressos para ir ao estádio no setor do São Paulo. Então, quando eu fiz o gol, eles não puderam comemorar. Minha mãe e meu pai contam que ficaram como se estivessem reclamando: "Ah, esse moleque!". Saímos desse jogo muito fortalecidos.

Os holofotes cada vez mais se voltavam para nós. Eu e o Robinho passamos a ser muito falados em programas esportivos, a atenção que recebíamos nas ruas começou a mudar. Dali para frente, ficou mais difícil. Não dava para ir à praia, ao shopping... Em todo lugar, gente aglomerava, e eu não tinha sossego. Acho que foi o único período da minha vida em que realmente não consegui ter uma vida normal por causa da fama. Era impressionante.

Fomos para semifinal com outro astral e enfrentamos o Grêmio. Já tinha mudado tudo: de azarão, viramos o xodó do Brasil, a responsabilidade foi mais dividida. O Grêmio era um time defensivamente muito forte, tínhamos a sensação de que seria mais difícil (aquela coisa de time do Sul que bate muito). Só que tivemos, de novo, aquela atmosfera contagiante: 20 mil pessoas na Vila Belmiro, lotação máxima do estádio, alegria dentro de campo e 3 a 0 no jogo de ida. Mais um jogaço! Dia de sol, time solto em campo, dois gols do Alberto e um do Robinho.

Fomos para o segundo jogo, em Porto Alegre, e já sentimos o time deles entregue. O Anderson Lima, lateral-direito, só pedia para o Robinho não ficar de brincadeira. Ele virava para o Leão e dizia: "Professor, só não faz graça!". Percebemos que a preocupação deles era muito de não perder. O Grêmio até venceu por 1 a 0, mas a gente passou para a final contra aquele mesmo Corinthians do amistoso de quatro meses antes. A essa altura, só se falava do meu nome e do Robinho no Brasil inteiro. Foi uma explosão!

Mesmo com toda essa badalação, nós conseguimos manter uma relação amistosa entre a gente. Não é fácil dividir os holofotes, mas em momento algum a vaidade falou mais alto. Queríamos transmitir a nossa alegria e o prazer que sentíamos jogando, então desfrutamos juntos daquele momento. Se saísse alguma matéria no *Globo Esporte*, saíamos juntos para assistir, reuníamos com outros jogadores em casa para ver nossas entrevistas... e isso fez toda diferença. Afinal, não estávamos ali sozinhos. O time todo, e tudo o que havia por trás, também fazia parte daquela conquista.

Nesse ritmo, não deixamos a pressão da situação nos abalar. Sabíamos que a final contra o Corinthians seria pedreira, pois era um time que tinha ganhado tudo no primeiro semestre. Tinha o Carlos Alberto Parreira, campeão do mundo com a Seleção em 1994, como treinador, e muitos jogadores experientes. O Vampeta, que tinha ganhado a Copa um pouco antes, jogava na equipe e me provocava nas entrevistas, falando que eu não tinha 17 anos, que eu era "gato", que é como chamam quando o atleta altera a idade para parecer mais novo.

As duas finais foram no Morumbi, e o primeiro jogo foi um dos melhores que eu fiz com a camisa do Santos. Era um domingo, dia 8 de dezembro de 2002, e o tempo estava meio chuvoso em São Paulo. Eu pedia a bola, dizia que era comigo, tudo o que eu tentava dava certo. Dei um passe bonito para o Alberto marcar o primeiro gol. O Galvão Bueno estava narrando aquele jogo e lembro-me de que, quando cheguei em casa, meus pais falavam: "Você precisa ver o que o Galvão falou de você". Parei e fui ver o jogo inteiro na televisão, e isso me marcou muito. Foram muitas jogadas bonitas, quase fiz um gol de cobertura, e o Renato fez o 2 a 0 no finzinho do jogo. Uma vitória contundente, com o time voando.

Estávamos a um jogo de repetir um feito que só o time do Pelé conseguiu, que era fazer o Santos campeão brasileiro. Foi uma semana em que o Leão e o seu Zito, ex-volante, bicampeão do mundo, e que fez parte daquele time do Pelé, conversaram bastante conosco. Havia aquela preocupação em manter a humildade, os pés no chão, mas nada em especial. Até porque era impossível conter esse jeito "irresponsável" do time. Nem o Leão, tão disciplinador, conseguiu. Era muita brincadeira e todos se renderam ao jeito de ser do elenco. Ficou aquela expectativa para a grande final, e para mim foi uma semana muito difícil.

Vencemos o jogo no domingo, folgamos na segunda e nos reapresentamos na terça-feira para iniciar a preparação. Esses períodos são exaustivos, e teve um trabalho com bola em que eu pulei, esticando a perna para dominar, e senti uma fisgada na parte de trás da coxa. Eu era muito novo, nunca tinha sofrido uma lesão muscular. O Leão viu, perguntou o que era, eu expliquei e ele me mandou sair do treino. Ainda tentei ficar, mas ele me tirou. Fiz as avaliações com o fisioterapeuta e não tinha noção da gravidade daquilo.

O Leão não me deixou treinar a semana inteira. Não fiz um treino sequer até o jogo de domingo. Fiquei um pouco preocupado sobre o que era aquilo mas, como era muito leigo, só pensava que ia jogar normalmente. Por mais que a imprensa achasse que era mistério, o Leão já tinha me dito desde o início que eu jogaria de qualquer maneira. Estávamos em um hotel fazenda em Atibaia, no interior de São Paulo, e fiz tratamento intensivo a semana inteira.

No aquecimento no Morumbi, no domingo do jogo, não senti nada, então achei que estava bem e a inexperiência fez a diferença. Dei um pique no primeiro lance da partida para pressionar o volante e já senti uma sensação como uma facada na coxa, algo que eu nunca tinha experienciado. Ainda estava tentando entender o que estava acontecendo, fiz uns movimentos, os jogadores do Corinthians se solidarizaram, perguntaram o que estava acontecendo... até que eu caí no gramado e comecei a chorar.

A submissão durante o jogo é uma sensação de impotência. Quando você quer entregar resultado, ajudar o time, mas acaba perdendo o controle e vê toda a sua dedicação indo pelo ralo. Esse foi meu primeiro momento de grande frustração. O dia mais importante da minha carreira, da minha vida, a família toda assistindo, o estádio transbordando de gente. Chorei muito deitado no chão até que o Elano me disse palavras de incentivo, e depois veio o Robinho, que foi mais marcante. Ele pegou no meu rosto e disse:

— Irmão, fica tranquilo que nós vamos ser campeões por você. Está me ouvindo? Eu vou fazer esse time ser campeão por você. Eu te amo!

Saí de campo e já desci para o vestiário. O massagista Ari Jarrão me carregou pelas escadas, eu ainda chorando muito, e fiquei ali naquela agonia. Tentei ainda voltar para o gramado e não consegui, o portão já estava trancado. Fiquei acompanhando o jogo só ouvindo os gritos. Não vi nada das famosas pedaladas do Robinho no lance do pênalti do primeiro gol. Eu ouvia o barulho, mas não tinha como saber de qual lado era. A torcida estava metade do Santos e metade do Corinthians, era aquela expectativa: *Foi gol de quem?*.

Na época, a imprensa pegou muito pesado falando sobre eu amarelar, ficar de fora da final, essas coisas sem fundamento algum e que incomodam a gente. Mas eu sempre fiquei muito em paz com tudo o que fiz e aceitei a dor que senti. Foram palavras que me incomodaram, mas não me machucaram. Eu sabia muito bem da minha importância naquela trajetória. Aquele questionamento não diminuía em nada toda a história que tinha começado naquele mesmo Morumbi, seis anos antes, quando recusei o São Paulo e as portas do Santos se abriram. É preciso ter esse filtro interno para não absorver opiniões que sequer têm embasamento.

> **O TEMPO ÀS VEZES É ALHEIO À NOSSA VONTADE, MAS SÓ O QUE É BOM DURA TEMPO O BASTANTE PRA SE TORNAR INESQUECÍVEL.** [18]

Lembro do sofrimento quando o Corinthians empatou depois de o Robinho fazer 1 a 0. Eles ainda viraram para 2 a 1, aos quarenta minutos do segundo tempo e foi aquela agonia. Mais um gol e o título seria deles. Até que viramos para 3 a 2 no fim do jogo! Mas eu só ficava gritando pela grade do túnel que dá acesso aos vestiários: "O que aconteceu?". A tecnologia não era como hoje, eu não tinha um smartphone para descobrir o que estava acontecendo.

Finalmente liberaram o portão, eu subi para o gramado mancando, doía para caramba. Não tínhamos a dimensão daquilo que estávamos realizando. Falavam muito dos "Meninos da Vila" e tal, mas para gente era tudo muito natural. Só tive a proporção mesmo na comemoração, aquela invasão de campo. Falávamos uns para os outros: "Caramba, olha o tanto de torcedor que o Santos tem". Ainda no gramado, entrei ao vivo no Faustão, a Bruna estava lá ao vivo, e foi muito legal.

Pegamos o ônibus para descer a serra para Santos e foi impressionante. Por onde passávamos, todos os viadutos estavam transbordando de gente, era uma multidão que não acabava. Tem uma imagem que nunca me saiu da cabeça: chegamos ao CT, subimos no caminhão do Corpo de Bombeiros e partimos em direção à Avenida Dona Ana Costa, a principal da cidade. Quando entramos na rua, demos de cara com um mar

---

MOMENTOS DECISIVOS

[18] VÍCIOS e virtudes. Intérprete: Charlie Brown Jr. Compositores: Chorão; Luiz Carlos Leão Duarte Jr.; Marco Antônio Valentin Britto Jr.; Renato Pelado. *In*: Acústico MTV – Charlie Brown Jr. Rio de Janeiro: EMI Music Brasil, 2003. Faixa 4.

de gente sem fim até a pista da praia. Muitas, muitas pessoas mesmo. Bandeira, fumaça, o lugar lotado. Foi uma das cenas mais impactantes que vi na vida. Ali, entendemos o que tinha realmente acontecido.

Daquele domingo, 15 de dezembro de 2002, em diante, minha vida nunca mais foi a mesma. Na segunda-feira, já não dava mais para sair na rua. A portaria do meu prédio estava cheia de cartas e de ursos que fãs mandavam, e toda hora tinha alguém tocando o interfone. Uma vida de superstar, mas, por mais novo que fosse tudo aquilo, eu dava risada para caramba, gostava daquela sensação.

Porém, em meio a essa animação toda, surgia uma outra sensação em todo o time: o cansaço. Havia o Mundial Sub-20 no início do ano seguinte, mas eu ainda precisava me recuperar da lesão muscular da final do Brasileiro e não fui. O Marcos Paquetá, treinador da Seleção, ficou bravo para caramba, mas aquele era o nosso momento. Engraçado que o assessor de imprensa do Santos falou que sabia que queríamos descansar e tudo mais, mas que tínhamos convites para ir aos programas da Xuxa, do Faustão, do Serginho Groisman, do Gugu, do Jô Soares, e vários outros. Ele deu a opção de escolhermos algum, mas Robinho e eu discordamos. Queríamos aparecer em todos!

Toda a atenção que eu recebia era muito grande, mas achava divertido. Meu pai foi um cara que curtiu muito esse momento comigo, até mesmo pela preocupação em me blindar. Àquela altura, a realidade do mercado também já tinha mudado. Aquela proposta do Tottenham foi recusada e começamos a trabalhar a minha imagem. Fechamos muitos contratos de marketing com marcas de roupas e outras empresas. Participei de uma ação da Chevrolet e dei o carro de presente para o meu pai. Absorvemos o que vinha na gestão da imagem e, na parte esportiva, ele seguia me valorizando muito.

Era uma época em que eu praticamente renovava o contrato de seis em seis meses com o Santos. O presidente Marcelo Teixeira era um cara sensacional e sabia como conduzir a situação. Ele encontrava alternativas para que eu me sentisse reconhecido e valorizado dentro do clube para permanecer.

Em 2003, chegou a primeira convocação para Seleção principal para um amistoso contra o México, em Guadalajara, no dia 30 de abril. Era mais um sonho realizado. Na verdade, mais dois sonhos foram realizados, porque ali tive a chance de conhecer o Ronaldo, que era meu maior ídolo.

Fui convocado e a primeira coisa que pensei foi: *Vou conhecer o Ronaldo*. Fiz questão de ver o *Globo Esporte* com o anúncio da convocação e a cada nome que aparecia eu ficava mais animado: Ronaldo, Ronaldinho, Rivaldo, Cafu, Roberto Carlos... A imagem do penta campeonato de 2002 estava muito fresca. Até que o Rivaldo se machucou, foi cortado e o Robinho acabou convocado, o que foi muito bom para mim, pois, mais uma vez, um ajudou o outro. Ficamos muito à vontade naquele ambiente que era novo, desafiador e entusiasmante.

Ficamos no mesmo quarto e, já ao chegar, nos perguntávamos: "Será que o Ronaldo está aí? Será que já chegou?". Não aguentamos esperar, pegamos o número do quarto dele e batemos na porta. Quando ele abriu, foi aquele pensamento: *Caramba, ele existe mesmo!* Ele foi super receptivo, nota 10, zoou com a gente, e com o tempo tudo foi ficando mais natural. Éramos muito jovens e todo mundo queria brincar com a gente, pois achavam muito engraçado nosso jeito de ser: um pouco fãs, um pouco aprendizes, um pouco profissionais. Era um mix divertido de perfis em duas figuras ainda em desenvolvimento.

Em campo, a qualidade era outra. Até brinco que é mais difícil aquecer em uma roda de bobo na Seleção do que jogar. Aquele amistoso acabou 0 a 0, mas fiz minha estreia. Entrei no lugar do Zé Roberto aos trinta e nove minutos do segundo tempo.

No Santos, as coisas seguiam acontecendo de maneira ascendente. Fomos para a Taça Libertadores da América, que já é uma competição bem diferente, com clima hostil, em que os caras chegam para intimidar mesmo, para quebrar. Sentimos muito essa diferença, pois éramos novos e eles davam porrada, ameaçavam, tentavam botar medo. Foi quando entendi a importância daqueles treinos lá no início, em que o treinador deixava essas situações acontecerem. Ele já estava nos preparando para o que viria no futuro.

Na Libertadores, a expectativa era maior, um sentimento maior de seriedade, mas sem perder aquela essência do futebol alegre. Tanto que conseguimos chegar à final contra o tradicional Boca Juniors, da Argentina. Era o grande time bicho-papão do continente, campeão de duas das últimas três Libertadores, e aquele ambiente do estádio La Bombonera, em Buenos Aires, impressiona. A arquibancada é muito íngreme, dá a sensação de que os caras vão cair em cima de você. O

Boca tinha um timaço e não conseguimos jogar o nosso futebol na primeira partida da decisão, dia 25 de junho de 2003.

A marcação era implacável, além daquela intimidação já conhecida em jogos da Libertadores de falar que iam nos quebrar. Sofremos gols bobos e acabamos perdendo por 2 a 0, mas o pior ainda estava por vir quando saímos do estádio. O Santos levou um segurança para cada jogador, porque sabia que o bicho ia pegar, quando estávamos indo embora, porém, um monte de torcedor entrou na frente e quebrou o ônibus inteiro, todos os vidros. Lembro-me dos gritos para nos abaixarmos. Se fizeram aquilo ganhando o jogo, imagine se tivessem perdido.

Uma semana depois, teve o jogo da volta no Morumbi. Acreditávamos na virada, mas criamos poucas oportunidades, o tempo foi passando, perdemos as forças e eles venceram por 3 a 1. Ganhei um prêmio individual de melhor do campeonato e aquilo me confortou um pouco. Foi uma derrota doída, mas tínhamos a convicção de que fizemos o nosso melhor e que perdemos para um adversário fortíssimo.

A procura do futebol europeu a essa altura era muito intensa e a pergunta não era mais se eu sairia ou não do Santos, mas quando isso ia acontecer. A cada convocação para Seleção, eu pensava mais que o ciclo estava acabando. Você chega lá e 80%, 90% dos jogadores jogam na Europa. Você escuta as histórias e também quer viver aquilo. É um mundo diferente, até mesmo os aparelhos eletrônicos da época me chamavam a atenção e despertavam o interesse, eram muito diferentes do que eu tinha contato. O grande divisor de águas foi a Copa América de 2004, quando passamos um mês no Peru e fomos campeões. Quando eu voltei, falei: "Pai, não quero mais". Joguei muito bem, fui importante, e tinha propostas na mesa do Porto, de Portugal, novamente do Tottenham, da Inglaterra, e do Werder Bremen, da Alemanha.

> **❝ LIVRE PRA PODER SORRIR, SIM, LIVRE PRA PODER BUSCAR O MEU LUGAR AO SOL. ❞** [19]

---

[19] LUGAR ao sol. Intérprete: Charlie Brown Jr. Compositores: Chorão; Marco Antônio Valentin Britto Jr. *In*: 100% Charlie Brown Jr. – abalando a sua fábrica. Rio de Janeiro: EMI Music Brasil, 2001. Faixa 5.

Nesse um ano entre o vice da Libertadores e a minha saída, ainda fomos vice-campeões também do Brasileirão de 2003 e eu participei do início da campanha que resultaria novamente no título brasileiro de 2004, já com o Vanderlei Luxemburgo no comando do time, treinador que tem um papel importantíssimo em muita coisa que vivi.

Na volta do Peru, eu e meu pai marcamos uma reunião com o presidente Marcelo Teixeira e eu falei: "Quero ir embora". Ele levantava, andava pela sala e resmungava: "Como que eu vou à Vila Belmiro e meu 10 não vai estar lá para dar aqueles passes maravilhosos de três dedos?", e fazia o movimento com o pé. Expliquei que era um sonho e não dava mais para negar ele. Pouco antes, o Porto tinha sido campeão da Liga dos Campeões da Europa e foi a minha escolha. Tudo isso mexe ainda mais com a cabeça de um garoto. Eles me queriam de verdade, ofereceram muito dinheiro.

O Marcelo Teixeira não desistiu. Ofereceu um valor ainda maior, prometeu que me liberaria no fim de 2004, mas não era só a questão financeira. Eu e meu pai fomos para um banheirinho apertadinho na sala para conversar, pensamos e pedimos para o presidente botar aqueles valores no papel. Ele chamou dois investidores que pagariam tudo o que foi combinado e ia dar certo. Até que chegaram na sala dois empresários que já tinham tido problemas com meu pai no passado.

Foi muito engraçado, o contrato estava na mesa, estávamos propensos a ficar até o fim do ano, e de repente entram os dois na sala. Quando meu pai os viu, logo questionou o Marcelo Teixeira e disse que nosso negócio era com o Santos e não com aqueles caras. No fim das contas, eles queriam o direito de me negociar no futuro para fazerem o investimento e foi a gota d'água. Levantamos, saímos e assinamos com o Porto. Era o fim da minha passagem pelo clube que me recebeu com 11 anos e onde disputei 133 jogos, marquei 38 gols, dei 25 assistências e conquistei dois títulos como profissional.

EU SABIA MUITO BEM DA MINHA IMPORTÂNCIA NAQUELA TRAJETÓRIA.

Emerson Leão, treinador do Santos campeão brasileiro de 2002

A personalidade de um indivíduo que se transforma precocemente em um atleta de sucesso é moldada no dia a dia. E foi no dia a dia que o Diego nos provou ser um menino que tinha algo a mais para oferecer a si próprio. O futebol estava aberto para ele, faltava apenas a oportunidade de demonstrar sua qualidade. E isso aconteceu quando chegou um treinador que necessitava deste perfil de atleta, pois sabíamos que não chegariam reforços de fora.

Diego começou logo a demonstrar liderança e ter destaque naquele Santos de 2002. Muito precocemente, era um menino que encarava as situações de maneira efetiva. Ele não pensava na idade, pensava em estar ali para vencer. Com esse comportamento, venceu aos 17 anos, e venceu ainda mais aos 36 anos. Como comandante, gostei do que ele sempre me apresentou. Por isso, foram depositadas confiança e responsabilidade.

O sucesso precoce do Diego não veio só para ele, veio para a equipe toda. Então, ele sabia que não íamos permitir qualquer tipo de comportamento que prejudicasse a todos. O exemplo se dá com demonstração por meios dos atos e com confiança. Tínhamos uma maneira de trabalhar coletivamente com todos, mas também com cuidado individual. Nem sempre a mesma palavra que serve para uma pessoa, serve para outra. E assim, seguimos caminhando.

A badalação em cima dele e do Robinho nunca foi algo que precisou ser conduzido de maneira diferenciada. O dia a dia desenvolveu uma confiança mútua. Eu não pensava somente no Diego e no Robinho, pensava também no zagueiro Alex, por exemplo, que era tão jovem quanto eles e tão especial quanto, mesmo que estivesse prestes a ser mandado embora do clube. Com o passar do tempo, todos percebiam que havia algo de especial acontecendo. Não chegaram os reforços e precisamos dar conta do recado.

Nunca deixou de existir brincadeira naquele ambiente, mas sempre houve muita responsabilidade. Depois, cada um daqueles garotos cresceu e passou a andar com as próprias pernas. Era um grupo no qual a palavra inveja não existia. Existia companheirismo. Tinha hora que eu precisava passar a mão na cabeça, em outras era preciso um sacode para o jovem entrar no eixo e não se iludir.

O Diego sempre apresentou uma personalidade formada precocemente e sabíamos que teria longevidade na carreira. Era bem diferente de outro jovem companheiro e também competente, o Robinho. Depois que cada um seguiu seu caminho com as próprias pernas, divergiram no comportamento. O Diego continua a ser um líder. Ele não se omite, nem dentro nem fora de campo.

Auge, frustração, equilíbrio no momento do sucesso e tomada de decisão para mudar. É impressionante como tudo isso aconteceu de maneira intensa neste recorte da minha carreira. Tem aquela frase clichê de que "mais difícil do que chegar ao topo, é se manter", e é a pura verdade. Eu me sentia no topo enquanto estava no Santos, mas, ao chegar na Seleção, notei que ainda havia muito mais para subir, e que não conseguiria fazer aquele trajeto de onde eu estava.

A coragem para mudar quando nos vemos em uma situação agradável exige muito mais do que mudar quando nos vemos em uma situação ruim. No entanto, ambos os casos englobam diversas questões: será que eu vou me adaptar no novo ambiente? Será que vale a pena trocar um salário por outro equivalente, mas que vai me trazer mais desafios e instabilidade? Será mesmo que o meu desconforto é real e não apenas fruto da minha imaginação?

Nem sempre é fácil ter os pés no chão e entender a exigência do mercado em cima de nós, ou a nossa cobrança em relação a nós mesmos. No meu caso, o caminho já estava pavimentado, eu tinha certeza da minha importância, mas era preciso descobrir o que eu queria para a minha carreira.

A busca pelo sucesso é uma constante e muitas vezes não nos damos conta do que fazer quando o alcançamos. É preciso saber identificar quando aquela fase profissional está cumprida e o desafio seguinte é mais do que um desejo, é uma necessidade.

- Você está preparado para lidar com o sucesso? Já pensou em como vai ser seu comportamento quando realizar tudo aquilo que sonhou de maneira que isso não o prejudique?
- E o passo seguinte? Quando você atingir aquele cargo tão almejado ou sua empresa superar as metas previstas, a satisfação o levará à zona de conforto ou o desafiará a estabelecer novos parâmetros?
- Quando algo inesperado impactar a sua trajetória, você tem a percepção do todo para entender até que ponto aquilo mudará o resultado final ou/e avaliar se aquilo é apenas mais um obstáculo?

CAPÍTULO 6

O sonho idealizado pode ser diferente do sonho alcançado, mas ainda precisa ser sonhado

A Seleção brasileira representa grande parte dos momentos mais especiais da minha carreira. Cada convocação, cada oportunidade de defender o meu país, me deu senso de responsabilidade e abriu as portas para um novo mundo. Serviu de inspiração para que eu tivesse conquistas nos clubes pelos quais passei justamente pela trajetória. Defender o Brasil era uma meta e isso me impulsionava no dia a dia. Sinto um orgulho gigantesco de ter participado de parte da história da Seleção, mas, por mais competente que eu tenha sido em minha profissão, permaneceu o gosto amargo de não ter disputado a Copa do Mundo.

Existe um fator dolorido em sonhar: nós imaginamos mundos perfeitos, em que tudo sai do nosso jeito e conforme o planejado. E aí vem a vida e nos passa uma rasteira. Você vai chegar ao seu futuro idealizado, mas ele não vem com o filtro do Instagram aplicado. Na vida real somos nós por trás de nossas fotos perfeitas: nossa pele possui poros evidentes, temos uma cicatriz no queixo ou até mesmo manchas que nos incomodam.

Nós aprendemos a vida toda que, para sermos felizes, o mundo precisa ser perfeito. Deixe-me lhe contar uma coisa: a perfeição é imaginária, mas tê-la como objetivo elevou o meu nível. A felicidade é o que acontece ao seu redor enquanto você fica procurando detalhes para se colocar para baixo.

Eu fiz isso por muito tempo, e ainda tenho alguns sintomas dessa dor, mas agora consigo enxergar que a minha capacidade de sonhar alto fez com que eu vivesse momentos sem igual. Se eu não tivesse sonhado aquele mundo perfeito, jamais teria alcançado os resultados que coleciono hoje.

Veja bem: tive 44 convocações para a Seleção principal, marquei quatro gols e participei de três ciclos de Copa! Infelizmente, isso não foi suficiente para estar na lista final em 2006, 2010 e 2018. No entanto, esse sentimento amargo me ensina muito até hoje e teve papel fundamental no meu processo de amadurecimento. Entendi que nem sempre as realizações dependem exclusivamente da nossa performance, e que todo processo exige equilíbrio mental e comportamental no desenrolar de uma carreira.

Os primeiros momentos na Seleção foram de deslumbre e realização por conhecer e jogar ao lado de ídolos como Ronaldo, Ronaldinho,

Rivaldo e tantos outros, mas logo veio também um senso de responsabilidade muito grande com a expectativa para a Olimpíada de Atenas, em 2004. Toda aquela badalação que eu e o Robinho recebíamos pelo sucesso no Santos vinha acompanhada de cobranças por resultados, assim como de outros sentimentos difíceis de lidar.

O torneio pré-olímpico de 2004, no Chile, que valia a vaga para os Jogos Olímpicos de Atenas, foi um momento muita responsabilidade. Até ali, a medalha de ouro no futebol em uma Olimpíada era inédita para o Brasil e, antes mesmo de nos classificarmos, já havia uma expectativa muito grande pelo lugar mais alto do pódio. Parecia até que já estávamos classificados. Era "a Seleção do Diego e do Robinho", e isso gerou um desconforto muito grande nos outros jogadores. Tanto que nos reunimos certa vez em um dos quartos da concentração para falar sobre isso.

Em determinados momentos, é necessário se antecipar ao problema para buscar a solução, principalmente quando tudo é gerado por fatores externos, como naquela situação. Eu e o Robinho éramos parceiros de quarto, e sentíamos o ambiente estranho, com alguns jogadores comentando, então convocamos uma reunião justamente para tirar a limpo essa história.

Perguntamos se havia algo que incomodava pela superexposição sobre nós dois, deixamos claro que não tinha nada a ver, que éramos um time, mas ninguém se posicionou diretamente. Todo mundo endossou aquilo do coletivo, mas sentíamos que havia um incômodo no ar. O treinador Ricardo Gomes era muito tranquilo, é o perfil dele. Não foi um cara que abordou o problema abertamente para buscar uma solução ou deu dura em nós. Mas, por outro lado, nunca transferiu a responsabilidade para os jogadores, assumiu seu papel. Ele foi conduzindo de forma tranquila, apaziguando, mas, na maioria das vezes, tratando como se aquele conflito não existisse.

Já no quadrangular final, tive uma discussão bem complicada com o Edu Dracena no intervalo da derrota para a Argentina. Nos ofendemos no vestiário e precisaram nos separar para evitar que a cena fosse adiante. Aí veio o Ricardo Gomes, e quando todo mundo achou que ia dar uma dura, ele disse:

— É este o espírito que eu quero!

Voltamos para o campo brigados, naquele clima ruim e perdemos por 1 a 0. Foi uma competição em que fazíamos muita força

O SONHO IDEALIZADO PODE SER DIFERENTE DO SONHO ALCANÇADO, MAS AINDA PRECISA SER SONHADO

para jogar, muita força para ganhar os jogos, e sentíamos isso. As coisas não fluíam naturalmente. Joguei a maioria das vezes com dor muscular, à base de anti-inflamatórios. Até que perdemos por 1 a 0 para o Paraguai, dia 25 de janeiro de 2004, e ficamos fora da Olimpíada. Aquilo foi terrível!

Voltamos para o hotel ainda sem muita noção do quanto tudo aquilo tinha repercutido negativamente no Brasil. Não conseguimos montar um time em harmonia, não alcançamos o nível esperado, e toda a responsabilidade recaiu no "Diego e no Robinho". Aquilo tudo que era badalação no início, acabou virando culpa nossa pela não classificação do Brasil.

Falou-se bastante de uma brincadeira que aconteceu no início da competição como irresponsabilidade, de algo que, na verdade, era corriqueiro para nós. Fazíamos muito no Santos de o jogador estar distraído, o outro chegar por trás e abaixar a bermuda. Estávamos na sala de imprensa para tirar a foto da credencial e o Robinho fez isso comigo na frente de todo mundo, câmera para todo lado.

Na hora, eu fiquei sem reação. Como a foto era só de rosto, me vesti rápido e esperei terminar. Mas ali já começaram a falar um pouco do nosso exagero nas brincadeiras. Na hora, entendemos que tínhamos feito bobagem, virou um peso ainda maior. Foi uma tempestade de críticas, todo mundo falava que não tínhamos perfil para jogar na Seleção, que devíamos amadurecer. E quando chegamos de volta ao Brasil o impacto foi maior ainda.

Quando saímos do terminal de desembarque do Aeroporto de Guarulhos, em São Paulo, era um mundaréu de câmeras, luzes, pessoas enfiando o microfone na minha boca. Aquilo me marcou muito. As perguntas tinham sempre um tom de culpa, insinuando que eu nunca mais ia voltar para Seleção, da minha falta de responsabilidade. Quando entrei no carro, a ficha caiu de que a situação estava complicada. Senti uma pressão muito grande, até que vi o jornal *Estado de São Paulo* com minha foto e o carimbo: "Culpado!". Ali, eu fiquei atordoado.

Foi preciso desenvolver muito a capacidade de equilíbrio, de entender tudo o que estava acontecendo, por mais que eu tivesse o apoio dentro de casa.

A eliminação foi pesada, eu fiquei muito abalado com tudo o que aconteceu. Na volta, o Vanderlei Luxemburgo nos deu folga de uma semana no Santos. Eu estava precisando descansar, abstrair de tudo que tinha acontecido, e fui para Ribeirão Preto. Quando abri o jornal no dia seguinte, vi que o Robinho, o Elano e o Paulo Almeida abriram mão desses dias e voltaram a treinar. Putz, aquilo tudo só piorou a minha situação. O time ganhou, eles voltaram bem e eu estava em casa, ainda absorvendo todas as cobranças.

Foi quando tive aquele receio de voltar a vestir a camisa de um clube, de jogar futebol. Foi a primeira vez que senti isso na vida. O Vanderlei foi fundamental nesse momento de dúvida. Há pouco tempo, em 2021, encontrei com ele, o abracei e disse: "Muito obrigado por tudo que você fez por mim. Eu não esqueço, não!", porque ele realmente me deu suporte em um período muito difícil. Quando eu cheguei de volta ao Santos, ele me chamou na sala dele para conversar e disse:

— Sabia que uma das razões para eu vir para cá, além desse time fazer meus olhos brilharem, foi você? Meu filho, você é o melhor meia do país. Não tem ninguém como você. Estão falando por aí que não volta para Seleção... Isso é impossível! Você vai voltar e vai ser mais rápido do que eles pensam. Vou armar um esquema de jogo para você aqui, no meio de campo. Quando puder marcar, marque. Se não puder, não importa. A bola precisa chegar para você, que é quem vai fazer a diferença. Mas precisa emagrecer, está muito gordinho. Precisa ficar com o percentual de gordura entre 7% e 9%. Você vai voar!

> **❝ TODOS VIVEMOS DIAS DIFÍCEIS, MAS NADA DISSO É EM VÃO. ❞** [20]

Ouvir aquilo ali era tudo de que eu precisava. Ele me deu um propósito no momento em que eu mesmo não conseguia escolher um caminho. Isso foi fundamental para mim. Comecei a treinar com muita dedicação, joguei muito bem e, como resultado, fui convocado para a Copa América de 2004. Foi um retorno muito mais rápido do que eu

---

20 BECO sem saída. Intérprete: Charlie Brown Jr. Compositores: Chorão; Thiago Castanho. *In*: Ritmo, ritual e respostas. Rio de Janeiro: EMI Music Brasil, 2007. Faixa 11.

esperava e isso se deve muito a ele. Tanto que depois da convocação ele foi o primeiro cara que eu fui abraçar.

Eu não esperava a convocação para a Copa América, mas foi uma das que mais me marcou. Depois de tudo que eu tinha ouvido, conseguir voltar, ainda mais em uma competição oficial, foi incrível. O Carlos Alberto Parreira, treinador da Seleção, me deu uma moral muito grande desde o início e deixou claro que aquele episódio do pré-olímpico tinha ficado para trás. Esse tipo de comportamento, essa confiança e o respaldo do superior são muito importantes para dar tranquilidade para o profissional desempenhar seu trabalho.

Lembro-me de que ele pedia calma quando a imprensa questionava, e explicava sobre as mudanças que estavam acontecendo naquele momento em minha carreira. Afinal, até pouco tempo atrás não havia problema em meu comportamento extrovertido de menino. Eu estava em um momento de muito crescimento pessoal e profissional, o que não era mais compatível com meu comportamento anterior, mas ainda estava descobrindo como deveria ser esse "novo Diego". Eu não era mais um menino da Vila, eu estava me tornando um homem, um jogador da Seleção, e precisava refletir essa responsabilidade. O Parreira tinha o equilíbrio de entender minha transição e ter paciência para que eu pudesse me desenvolver no meu ritmo.

Tive a oportunidade de jogar cinco partidas na Copa América, todas saindo do banco de reservas, mas foi uma competição com um elenco muito bom de ambiente e muito forte tecnicamente. Fizemos uma boa competição, crescemos, ganhamos confiança e a final contra a Argentina foi um momento bem marcante. Comecei no banco de reservas e entrei só no segundo tempo, aos dez minutos, no lugar do Kleberson.

A Argentina fez 2 a 1 já no fim do jogo, aos quarenta e dois minutos, e eu estava incomodado desde o banco pela catimba dos argentinos, cheia de provocação. Eu já conhecia o Tévez de outras competições, como da final da Libertadores de 2003, e sabia que ele gostava de passar o pé na bola. Eu já pensava que se ele fizesse isso para cima da gente, eu ia entrar jogando pesado. E foi o que eu fiz em um lance que ficou marcado, já na reta final do jogo.

Revendo o jogo hoje em dia, me chama a atenção a atitude que eu tive em um momento de tanta tensão. O jogo já estava nos acréscimos e eu fui pedir a bola, com a motivação de tentar fazer alguma coisa pelo empate. Fui para cima do adversário em um lance que, se eu perdesse a bola, perdíamos o jogo e o campeonato. Hoje em dia, vejo aquilo e penso: *Caramba, que legal!* Parti para cima, driblei e vi o Adriano na área. Fiz o cruzamento na direção e ele fez o gol do 2 a 2.

Cada um correu para um lado na comemoração e uma imagem que eu tenho muito nítida em minha mente foi o Zagallo pulando em cima de mim. Parecia um garoto, foi muito legal. Levamos o jogo para os pênaltis e o Parreira nem me perguntou nada, só me colocou como terceiro cobrador. O coração ficou a mil, mas eu estava muito confiante e ousado. Vencemos e foi um título muito significativo!

Depois de ser campeão, eu me sentia o cara mais feliz do mundo. Eu não só fui para a Copa América como joguei e fui importante! Isso tirou um peso gigantesco das minhas costas, e me ajudou a superar o trauma do pré-olímpico de meses antes que, até então, era o maior obstáculo da minha vida. Foi um processo fundamental de amadurecimento que passou por várias etapas. Da compreensão daquelas cobranças que eu não esperava à capacidade de assumir a responsabilidade em um momento extremo da final. Foram meses em que desenvolvi habilidades emocionais fundamentais para sequência da minha carreira.

Saí da Copa América com muito crédito, fui muito elogiado pelo Parreira e pelo Zagallo durante toda a competição, e agora o foco estava em disputar a Copa do Mundo. Passou a ser uma meta viável que, como você já descobriu, não se concretizou. Sequer joguei pela Seleção novamente até o Mundial da Alemanha e isso pesou muito durante o período que eu vivi na chegada ao Porto, na Europa.

Cheguei em Portugal com a expectativa altíssima. O clube tinha acabado de ser campeão da Champions League, passava por um processo de reconstrução e a cobrança foi muito alta, fator comum em toda equipe que está fazendo muito sucesso, alcançando todas as metas. Lembro-me de quando ficamos em segundo na tabela, havia protesto da torcida querendo quebrar nossos carros. Eu e o Luís Fabiano não entendíamos aquele excesso todo. Na cabeça das pessoas, eu tinha chegado para substituir o Deco, que era o grande ídolo, e mesmo com o desempenho bom, não era o suficiente.

Tudo isso acabou interferindo nas convocações. Saí do holofote no Brasil e pouco a pouco fui caindo no esquecimento em Portugal, coisa com a qual não estava acostumado. Por fim, fiquei fora da Copa das Confederações e via o distanciamento do sonho da Copa do Mundo. Foi uma decepção.

Alcançar o topo mexe muito com nosso emocional. Depois que você chega lá, é maravilhoso e cria a expectativa de estar sempre brilhando em destaque. Até que vem o grande impacto na primeira vez que você não consegue se manter no posto. Mas, em vez de me culpar, eu consegui analisar a situação para além de mim, outro fator que desenvolvi com a maturidade. Veja, eu sempre fui de trazer a responsabilidade muito para mim, mas naquele momento eu entendi que a cobrança que eu deveria colocar sobre mim precisava ser pelo meu desempenho no clube, para me destacar mais no momento que eu estava vivendo, então não era hora de me tornar rancoroso.

Consegui compreender, naquela época, que nem tudo está sob nosso controle. No mercado, existem tantos fatores externos, fora do nosso alcance, que é impossível alcançarmos aquele sonho idealizado sobre o qual comentei no início do capítulo. No meu exemplo, a Seleção brasileira dependia muito dos critérios do treinador, de suas preferências, da estratégia que estava sendo desenhada, e não apenas do meu desempenho. Assim, compreendi que a perfeição não existe, que eu poderia agradar alguém e desagradar a vários outros, e que esse é o caminho natural das situações. O mais importante, no entanto, é ter certeza de que está dando o melhor de si, e eu sabia que estava fazendo isso.

>>> NO JOGO DA VIDA, DESISTIR NÃO É UMA OPÇÃO

Se existe uma certeza em minha vida, é de meu talento. Eu nasci para jogar futebol, e nada poderia me tirar desse caminho. Eu estava fazendo o que mais amava, amadurecendo e aprendendo muito, mas claro que dei de cara com algumas portas.

A minha experiência de não participar da Copa de 2010, na África do Sul, já foi diferente. Depois que deixei Portugal e fui jogar na Alemanha, vivi meu ápice de alta performance. Cheguei a ser uma presença constante na Seleção, mas eu não era a única estrela naquele céu.

Tinha Ronaldinho Gaúcho, Kaká, e a posição de meia-ofensivo tinha muita força.

Em 2007, disputei mais uma Copa América, na Venezuela, com uma expectativa muito alta, vestindo a camisa 10 do Brasil. Começamos muito bem contra o México, fiz jogadas bonitas de efeito, tive um gol mal anulado, mas caímos no rendimento e o Dunga, que era o treinador, me tirou no intervalo juntamente do Elano. Participei de outros três jogos saindo do banco, entrei na semifinal, demonstrei personalidade para cobrar pênalti contra o Uruguai e fomos campeões, mas mesmo assim ficou um clima estranho. O meu relacionamento com o Dunga era muito diferente, não havia diálogo entre nós, por mais que eu tivesse tentado me aproximar em determinados momentos. Acho que, no fundo, nunca nos entendemos muito bem.

Em 2008, em um jogo pelas eliminatórias para a Copa do Mundo, contra a Argentina, ele me colocou em campo aos trinta e quatro minutos do primeiro tempo como ponta direita, posição em que eu nunca havia jogado, e me tirou aos trinta e quatro minutos do segundo tempo. Pouco depois, fui convocado para a Olímpiada de Pequim.

Na época, negociava a minha renovação com o Werder Bremen e eles não queriam me liberar. Discutimos bastante, mas eu fui para a Seleção mesmo contra a vontade deles, pois era um sonho viver aquele momento pelo meu país.

Porém, já no primeiro treino coletivo, o Dunga me colocou na reserva. Eu não acreditava naquilo. Então fiz o que estava em meu poder: me destaquei no treino, dei o meu melhor e recuperei a condição de titular. Participei de todos os seis jogos da Olímpiada, fiz dois gols, mas perdemos para a Argentina do Messi na semifinal e ficamos com a medalha de bronze.

Saí dali com a sensação de que estava na Seleção por merecimento, mas, apesar da minha dedicação, não tinha a segurança de que estava nos planos para a Copa. Via que o treinador tinha outras opiniões sobre mim e eu não entendia o porquê. Até que fui convocado para um amistoso contra Portugal, em Brasília.

Lembro-me de ter ido muito bem no treino, fui testado entre os titulares, e no jogo o Brasil venceu por 6 a 2, mas ele fez seis substituições e não me colocou nem um minuto! Foi o momento em que eu mais me decepcionei até então e vi que realmente o nosso relacionamento não funcionava e que nem eu nem ele ganhava do outro o que esperávamos. Saí com cara de bravo, não falei nada e nunca mais fui convocado por ele. Minha expectativa de ir para a Copa mais uma vez virou frustração sem eu sequer viver aquela ansiedade de estar na lista final.

> **MAS A VIDA ENSINA, SÓ EU SEI O QUE PASSEI. A VIDA NÃO É FÁCIL, MAS EU TÔ LIGADO, EU SEI, EU SIGO O MEU CAMINHO, TÔ FIRME, TÔ AÍ. NÃO HÁ NADA NESSA VIDA QUE ME FAÇA DESISTIR.** [21]

O episódio da Copa América me marcou muito. Era uma posição que eu tinha conquistado, sei que fiz por merecer ser o camisa 10, mas só fui titular por quarenta e cinco minutos. Já encontrei com o Dunga algumas vezes depois disso e foi tudo muito tranquilo. Quando ele foi técnico do Internacional, quis me contratar, nos encontramos uma vez num amistoso comemorativo do Messi, brincamos e conversamos. Apesar do bom relacionamento, é uma situação em que eu não acredito que deva cobrar explicações dele.

O que eu vou falar para um treinador? Ele pode dizer que foi porque não me quis no time e ponto. Naquele momento eu vi que a Seleção tinha algo que eu não conseguia decifrar. Assim, ir para a Copa passou a ser uma realização distante em meu grande sonho de ser jogador de futebol profissional. E eu conquistei muitas coisas. Não consegui disputar a Copa, mas hoje entendo que isso foi um momento de grandes aprendizados e amadurecimento para mim.

Eu me responsabilizo muito pelas coisas que acontecem na

---

21 NADA é impossível. Intérpretes: Pregador Luo; Chorão. Compositores: Pregador Luo; Chorão. *In*: Música de Guerra – 1ª Missão. São Paulo: 7 taças, 2008. Faixa 6.

minha carreira – e não poderia ser diferente uma vez que a maioria das minhas conquistas são resultado do meu próprio esforço. Mas em alguns momentos esse é um aspecto que pode se tornar negativo, quando nos cegamos ao fato de que o desempenho coletivo não depende só de você, e a sua ação é uma das peças na engrenagem.

A experiência me ajudou a enxergar que performar bem é apenas uma das partes importantes de todo o conjunto. É a parte que nos cabe, mas o restante vem do meio em que estamos inseridos. Às vezes, não somos necessários na estratégia de nosso superior, ou então não vamos somar forças de maneira inteligente à equipe. Esse olhar sobre o todo faz muita diferença no que alcançaremos no fim do caminho, e é preciso entender o que está fora de nosso alcance.

Nesse sentido, passei a pensar mais em mim e na minha carreira, em buscar destaque pelos clubes por onde passei. Até que os anos foram passando e eu vi que não podia desistir desse grande sonho. Fiz as contas e sabia que a Copa do Mundo de 2018 seria minha última oportunidade, e foi um ponto que pesou na decisão de deixar a Europa e voltar para o Brasil para jogar no Flamengo. Precisava ao menos tentar tudo que estivesse ao meu alcance.

Quando voltei para o Brasil, em 2016, a Seleção era novamente um objetivo. Não cheguei a criar muita expectativa, mas sabia que estava no caminho certo e foi emocionante quando veio a convocação para o amistoso contra a Colômbia, em janeiro de 2017. Eu já estava em outro momento da vida e desfrutava muito mais das emoções, com a consciência de quem eu sou. Era outra energia, outra fase em uma Seleção na qual o Neymar era o ídolo, mas que também me tinha como ídolo. O Tite me elogiava muito nos treinamentos, na imprensa, sempre com palavras muito significativas na parte de profissionalismo e de caráter.

Recordo-me de um amistoso contra a Inglaterra em que a expectativa era alta, mas eu não fui utilizado. No Flamengo, as coisas não iam muito bem coletivamente, o que também afetou. O rendimento caía ao mesmo tempo em que eu via a Copa se aproximando, e foi muito difícil tentar manter o meu nível de excelência para um sonho tão antigo diante de uma realidade nada confortável.

No entanto, recebi um e-mail com a lista para um amistoso antecedendo a convocação final e, para a minha grande alegria, meu nome estava lá. Comemorei muito no dia, tanto que não me atentei para a relação oficial. Até que meu amigo Juan, para quem eu havia contado sobre a lista, veio me perguntar o que havia acontecido. Aí a verdade: apesar de ter aparecido na pré-lista, não fui para a convocação final.

Aquilo me deixou muito mal, foi quando vi que novamente não ia para a Copa do Mundo. Fiquei decepcionado com a forma como esse momento foi conduzido pelo Tite. Então percebi que meu ciclo na Seleção estava encerrado e dei uma entrevista falando de tudo que eu tinha feito e era capaz, e dizendo que a Seleção também perdia com a minha ausência:

— Eu perco em não ir à Copa, mas a Seleção também perde por não ter um jogador com a minha qualidade e experiência. Mas o respeito e admiração pelo Tite continuam intactos —, foi o que eu disse em 31 de maio de 2018, após vitória do Flamengo por 2 a 0 sobre o Bahia.

A EXPERIÊNCIA ME AJUDOU A ENXERGAR QUE PERFORMAR BEM É APENAS UMA DAS PARTES IMPORTANTES DE TODO O CONJUNTO.

Vanderlei Luxemburgo, treinador do Santos em 2004, quando Diego participou do torneio pré-olímpico e da Copa América pela Seleção

Acompanhei toda aquela situação do Diego depois do pré-olímpico muito de perto. Robinho e Diego eram os grandes nomes, mas eram muito moleques, garotos. Chegaram ao time principal com uma euforia grande, ganhavam, mas não deixavam de ser moleques, com aquela sacanagem do dia a dia.

Procurei sempre ser o ponto de equilíbrio dos jogadores. Quando precisavam da palavra do técnico, tinham a palavra do técnico. Quando precisavam de um conselho de pai, tinham o conselho de pai. É o que não acontece hoje em dia com o distanciamento. Éramos muito próximos e os jogadores recorriam muito ao técnico para saber o caminho a trilhar, e nós nos preocupávamos muito em dar essas direções. É um perfil de treinador como Telê Santana, Zagallo, Ênio Andrade... Tantos nomes importantes para o futebol brasileiro.

O Diego, quando voltou do pré-olímpico, estava arrebentado. Todo mundo o estava crucificando, era porrada para todo lado, como se só ele e o Robinho jogassem naquela equipe. E não era assim. O ambiente que foi criado naquela Seleção era de muito otimismo, mas sem olhar para o que estava equivocado ali dentro. Notávamos que seria um time com caminho curto. Acabou ficando no pré-olímpico, o que é muito precoce.

Dei uma semana de folga e os outros três jogadores, que também estavam na Seleção, pediram para ficar no clube. Eles jogaram e o Diego viajou para Ribeirão Preto, o que deixou o ambiente ainda mais hostil. Ele precisava daquele descanso. São personalidades diferentes. O Robinho não liga para nada, o Diego já era mais compenetrado, pensava mais, tinha instinto de liderança e precisava desse tempo para esfriar a cabeça.

O que ele precisava naquele momento não era de porrada, era de carinho, aconselhamento. Chamei ele para conversar na minha sala, perguntei se estava tudo bem, como tinha sido no pré-olímpico. Teve aquela brincadeira da bermuda que ele disse que sempre brincavam, mas isso não podia mais acontecer, pois pega muito mal. E seguimos conversando.

O Diego disse que a cabeça estava igual a um trevo, que não sabia o que fazer, e eu rebati: "Não faça nada. Se preocupe somente em jogar futebol. Vou arrumar um espaço no time". Ele era um jogador interessante, que jogava por trás dos atacantes e eu não gostava que marcasse os volantes. Podia deixar jogar, se eles fossem bons, seriam centroavantes e não volantes. Disse:

— Você vai jogar muita bola. No futebol, as coisas mudam muito rápido, é muito ágil. E você vai voltar à Seleção muito mais rápido do que imagina. Você é um jogador de alto nível. A mesma imprensa que hoje bate em você, vai pedir para você voltar. Anote o que estou falando.

Botei para jogar, chamei o grupo e falei: "O Diego vai jogar e o esquema tático vai ser esse, com ele no centro das jogadas ofensivas. A bola precisa parar no pé dele. Se roubar a bola, acha o Diego." E deu muito certo, tanto que logo houve a convocação da Seleção, ele seguiu a vida e eu fiquei feliz.

Foi ele quem conquistou tudo aquilo. Eu apontei o caminho, mas ele que desenvolveu em campo. Quando chegou a proposta do Porto, eu estranhei. Tinha montado o esquema todo em torno dele. Chamei e perguntei:

— Que história é essa, rapaz? Você pode me falar quanto que é?

Quando ele disse, eu falei:

— O quê? Vai correndo! Vai embora, vai ganhar seu dinheiro e se manter na Seleção brasileira. Vai ser feliz.

O Diego sempre teve um instinto de liderança muito forte e confiava no próprio potencial. Sempre teve uma personalidade forte. Não era de aceitar as coisas. Discutia, se posicionava, questionava... É um líder.

O fato dele não ter jogado uma Copa do Mundo não diminui a qualidade dele, diz muito sobre o momento. O Falcão não foi para Copa do Mundo de 1978, pois o Coutinho preferiu leva o Chicão. Vai fazer o quê? Faz parte. Mas ele tem uma trajetória na Europa de muito destaque e tem mostrado personalidade no Flamengo.

Levou muita pancada no início e conquistou o espaço com dedicação, seriedade e comprometimento. O que fiz foi somente dar apoio como técnico no clube. A porrada que vinha de fora, eu matava no peito e distribuía. As coisas fluíram naturalmente e ele teve uma carreira brilhante.

PAPO DE VESTIÁRIO

Mesmo sem ter realizado o sonho de disputar uma Copa do Mundo, a reflexão sobre os quinze anos em que defendi a Seleção brasileira me causa mais orgulho do que decepção. Por mais que muitas vezes eu não entendesse os motivos que me fizeram nunca chegar à Copa Mundial, tudo o que aprendi em minha jornada me fez ir atrás de outros objetivos que me levaram a outras conquistas.

É preciso ter coragem de assumir qual era esse objetivo final, como sempre assumi publicamente, e não realizei. Não fui para a Copa do Mundo, mas fica um grande aprendizado. Um deles é de que as coisas não estão sempre no seu controle, não dependem somente de você. Vai ter momento em que você vai ser até injustiçado, mas essa injustiça não pode ser limitante, não pode servir como muleta, como transferência de responsabilidade por não ter conseguido algo. É preciso absorver e seguir em frente.

O SONHO IDEALIZADO PODE SER DIFERENTE DO SONHO ALCANÇADO, MAS AINDA PRECISA SER SONHADO

CAPÍTULO 7

Quando uma porta se fechar, abra a outra!

Existe um fator que faz com que muitas pessoas evitem mudanças, principalmente as de alto impacto em sua rotina: precisar se adaptar e começar muitas coisas do zero. Isso acontece em vários cenários, como a chegada de um filho, a mudança para uma casa nova, uma promoção de cargo, o início de um novo relacionamento... Sempre terá uma área que demandará adaptações, aprendizados e muita paciência para funcionar como deveria. E foi o que aconteceu comigo em um período muito importante da minha carreira: quando eu mudei de continente!

A chegada à Europa me apresentou desafios logo de cara e uma realidade totalmente diferente da que eu estava acostumado no Brasil. Toda aquela badalação, até mesmo a bajulação que eu recebia dos fãs, da mídia e da equipe técnica, não fazia parte do ambiente. O processo de adaptação e amadurecimento foi muito além do novo time, pois também incluiu as questões culturais – até mesmo as mais fáceis, como a língua, que era portuguesa, mas mesmo assim se provou um desafio, pois eu não entendia quase nada com o sotaque de Portugal. Isso provocou várias situações engraçadas.

Fui para Portugal em agosto de 2004 cheio de expectativas. Eu cheguei acompanhado apenas pelo Araújo, o empresário que o Porto colocou no negócio, e meus pais chegaram logo depois para me ajudar com as questões burocráticas.

O início da trajetória foi muito bacana, pois havia outros brasileiros no time e eu cheguei ao Porto com o espanhol Víctor Fernandéz no comando, técnico que me recebeu de braços abertos, pois gostava muito do meu trabalho. Bem diferente da reação inicial de outro treinador, que eu só fui conhecer anos depois, na Juventus, mas que não via minha chegada com bons olhos. Antes mesmo de eu me apresentar, ele foi demitido.

Em Portugal, eu saía para restaurantes maravilhosos, viajava de carro para outras cidades e vivia um mix de vida profissional e de turista. Claro, existia uma onda de ciúme que, assim como em qualquer área profissional, rodeia quem acabou de chegar com um salário muito alto, e havia também certa resistência por parte dos jogadores em me deixar fazer parte do grupo. Entretanto, eu quebrei tudo isso com muita extroversão e amizade. Uma vez ou outra tive desavenças com alguns jogadores portugueses, mas nada fora do esperado no início de uma jornada em uma nova equipe, principalmente com tantos colegas estrangeiros. A grande maioria dos jogadores, no entanto, me abriu os braços.

Era tudo muito diferente culturalmente – muito! Os portugueses são muito diretos no que falam e nós, brasileiros, não estamos acostumados com isso. Se estiver errado, eles falam na sua cara, sem rodeios. Não é maldade nem má educação, é maneira de ser mesmo, e em alguns momentos isso me aborrecia, pois eu não sabia como lidar com aquela conversa franca. No entanto, precisei me adaptar.

Essa diferença de tratamento, desde os colegas até a mídia e os fãs, é uma barreira enorme para quem vai para o continente europeu. O lado emocional do carinho, da satisfação que existe no Brasil, não existe na Europa. É como deixar a casa dos pais para morar sozinho, e pior, com pessoas que você não conhece: é um choque.

Para complicar ainda mais esse início que foi um emaranhado de aprendizados, aquela foi uma temporada em que o Porto não conseguiu atender às expectativas. Vencemos a Supertaça e o Mundial de Clubes, mas foi considerado pouco por tudo que o time tinha feito no ano anterior. Entrei em campo em 39 jogos, 37 como titular, fiz quatro gols, e um dos momentos marcantes foi a final do Mundial, no Japão, contra o Once Caldas, da Colômbia.

Toda a temporada foi muito desafiadora, mas bem no último jogo, quebrei o dedo do pé e precisei fazer uma cirurgia e voltar para o Brasil. Comigo levei uma sensação insaciável de querer me provar melhor e entregar mais ainda, e foi assim que comecei a temporada 2005/2006, como titular e com o holandês Co Adriaanse como técnico. As coisas estavam fluindo e o time parecia mais bem preparado, até que perdemos um jogo fora de casa para o Paços de Ferreira por 2 a 1 e o técnico resolveu revolucionar o time.

Ele mudou o esquema tático totalmente, do 4-3-3 para o 3-4-3, e tirou o meia-ofensivo, que era – adivinhe – eu! Fui chamado ao quarto dele numa tarde e, acompanhado de um tradutor, ele me disse diretamente: "Vou mudar o esquema tático, a sua posição não vai mais existir e não conto mais com você. Se tiver alguma proposta, pode ir embora". Simples assim, desse jeito, sem grandes explicações nem agradecimentos ou lamentações. Ele não precisava mais de mim, e era isso. Lembro-me de ficar perdido sobre aquela decisão, pois, até ali, eu jogava sempre e me sentia importante para o time.

Tudo isso aconteceu em um momento crítico: faltava apenas uma semana para o fechamento da janela de transferências entre times e eu não teria tempo nem de buscar alternativas no mercado. O Werder Bremen, da Alemanha, tinha começado a me sondar, fez convites, só que o prazo era muito curto e eu não acreditava que fosse encontrar uma alternativa.

Além disso, eu sofria com uma questão muito grave naquela época que, em vez de me ajudar como faz hoje, me atrapalhava bastante: eu era extremamente orgulhoso. Eu não queria questionar nem demostrar fragilidade. Por mim, preferia ir embora a não ser titular, mas o Porto não concordava 100% com aquilo e não queria me negociar. O presidente Pinto da Costa falava que eu era importante, que o investimento tinha sido alto, que o técnico era passageiro, e eu, sem alternativa, permaneci em casa muito decepcionado.

O único caminho que encontrei foi me esforçar nos treinos: eu dava duro, impressionava todo mundo, mas o Adriaanse nem olhava para a minha cara, ele estava decidido a me manter de fora. Com o passar do tempo, vi que não tinha o que fazer, e o meu orgulho batia forte. Se ele quisesse me utilizar, poderia perguntar se eu estaria disposto a fazer outra posição, mas isso não aconteceu e eu me recusei a pedir por uma oportunidade.

Assim, comecei a me preparar para mais uma mudança. Eu percebi que teria opções no mercado de verão e o Werder Bremen seguia em contato comigo, me valorizando e oferecendo um projeto seguro. O único "porém" era a dúvida: se eu não tinha me dado bem em um país tão próximo do Brasil como Portugal, o que seria de mim no novo universo da Alemanha? Eu precisava de toda a coragem possível para encarar esse desafio.

Depois veio ainda a negociação de clube para clube, que é a parte obscura do futebol. O Porto pedia um valor, o Werder queria pagar menos, e eu fiquei esperando por bastante tempo. Ficamos um longo intervalo aguardando o presidente do time aparecer para assinar a papelada, a tensão aumentando a cada minuto, até que chegou um funcionário, sentou-se e disse: "A negociação vai sair por tantos milhões de euros, mas na imprensa vamos falar que foi por tal valor". Aceitamos, assinamos e no outro dia fui embora para a Alemanha, pouco antes da Copa de 2006.

> **" FAZER DA VIDA O QUE MELHOR POSSA SER. TRAÇAR UM RUMO NOVO EM DIREÇÃO AO SOL. "** [22]

    Eu vejo que muita gente, principalmente os jovens, larga mão de seus compromissos por conta de uma infelicidade na carreira. Foi justamente o que eu fiz na época: aceitei a proposta de ir para a Alemanha e praticamente abandonei meus treinamentos no Porto. Eu estava bravo com toda aquela situação, incomodado por não ter conquistado o destaque que almejava e apenas queria sair daquele ambiente o mais rápido possível. E essa sensação acontece com muitos profissionais, que, no dia a dia, começam a se sentir inferiores e, em vez de se esforçarem mais para melhorar, se revoltam e abrem mão de tudo.

    Hoje compreendo que, por mais que uma situação não esteja de acordo com o que desejamos, nunca devemos deixar o profissionalismo de lado, de entregar o nosso melhor a todo momento e de nos dedicarmos para evoluir os nossos talentos. Veja bem, eu perdi a oportunidade de treinar com gente muito boa, de aprender novas jogadas com um técnico que tinha um olhar diferente do meu, e isso ficou como uma lacuna. Posso não ter sido prejudicado, mas também não sei o que deixei de aprender por conta dessa conduta.

    Apesar desse meu desvio de comportamento, aquele foi um período em que eu aprendi que para ter sucesso na Europa, eu precisava me reinventar, entender e aceitar novas culturas e critérios diferentes dos que eu estava acostumado. Além do mais, seria necessário me comportar de outra maneira para superar essas barreiras. Foi um momento de reflexão para aquele menino que até então vivia sob a redoma de que era o melhor, que ninguém podia tirá-lo do jogo, que tinha de jogar sempre e que era um absurdo ficar de fora. Essa percepção precisou ser adaptada.

    Essa é uma realidade muito dura para todo profissional que passa a vida toda sendo considerado uma pessoa excelente, de confiança,

---

[22] ELA vai voltar (todos os defeitos de uma mulher perfeita). Intérprete: Charlie Brown Jr. Compositores: Chorão; Thiago Castanho. *In*: Imunidade musical. Rio de Janeiro: EMI Music Brasil, 2005. Faixa 6.

que soma ao time e, de repente, se encontra em um ambiente que não está de acordo com o comportamento que demonstra. Em situações como essa, às vezes não existe alternativa se não a de buscar uma saída.

Para mim, essa saída foi a Alemanha, um local que eu considerava fora da minha realidade. Eu nem conhecia o Werder Bremen, mas foi o clube que me deu o que eu precisava naquele momento: admiração pelo meu trabalho. Lembro-me de ter acompanhado, já com a negociação concretizada, os jogos da Copa do Mundo e de observar alguns jogadores da seleção alemã que jogariam comigo depois. Tinha o Frings, no meio de campo, e o Klose, no ataque, e aquilo me deixava ansioso.

Quando cheguei à Alemanha, encarei novamente um cenário tenso de ajustes finais do contrato. No meio daquela situação, Thomas Schaaf, ex-jogador do próprio clube, me chamou de lado para falar o que pensava para mim, como gostaria que eu jogasse. Na época, eu tinha um inglês limitado, então ele pegou garrafas e um isqueiro e montou o time na mesa: "Você vai jogar aqui. Quando a bola cair aqui, você vai fazer assim, assado...". Ali, eu voltei a me sentir importante, mas havia um fator de complicação: por ter deixado de treinar, eu fiquei fora de forma. Eu estava com 82 quilos e meu peso ideal para jogar é 76 quilos! Ou seja, eu precisava correr atrás do prejuízo.

No entanto, aqui ficou claro um ponto muito importante da minha entrada para o time da Alemanha: eles realmente estavam interessados em mim. Então fui para a pré-temporada e realizei os treinos mais fortes da minha vida! Era um sacrifício e, ainda assim, meus colegas disparavam na minha frente na corrida enquanto eu ia me arrastando por último com o treinador correndo ao meu lado, cuidando de mim. Esse apoio fez toda diferença! Era tudo de que eu precisava, e isso vindo de um cara com quem eu não conseguia me comunicar em palavras. Apenas com gestos ele mudou meu sentimento em relação a minha carreira.

Nesse ritmo, comecei a me destacar nos treinos com bola, entrei em forma e estreei na Bundesliga com duas assistências e um gol na vitória por 4 a 2 sobre o Hannover, em 13 de agosto de 2006. A comemoração foi uma explosão de felicidade para mim, porque culminou em tudo que eu desejava: a preparação, a oportunidade, a superação de tudo que aconteceu no Porto e o reinício perfeito da minha jornada profissional.

Claro que houve momentos de dificuldade, mas muitas coisas aconteceram de maneira natural e tranquila para mim, de acordo com o que eu estava preparado para realizar. Foram os melhores três anos da minha carreira. Nunca fiz tantos gols (53), fui eleito o melhor jogador da Alemanha no primeiro ano, fiquei entre os 23 melhores do mundo no terceiro, entrei para o hall da fama do clube...

Além de tudo isso, foi um período de autoconhecimento incrível. Descobri características que tinha dentro de mim e não sabia, principalmente uma que se adequou bem aos alemães: a disciplina. Eles são um povo de disciplinadores, e isso valorizava o que eu gostava de ser, que é gostar de treinar forte, de ter um propósito. Era algo que me dava prazer, apesar do conflito cultural.

A disciplina é o maior aliado do talento. O sucesso profissional está diretamente ligado ao quanto você está disposto a executar suas tarefas com disciplina. Por mais que muitas vezes pareça algo fora de propósito, ou até mesmo arbitrário por parte de um superior, é um conjunto de hábitos que vai levar você a uma excelência de performance que só o talento não o fará alcançar.

Em jogos da Champions League, por exemplo, os mais novos precisam carregar as bolas para ajudar os roupeiros. E eu achava isso um absurdo. De terno, estrela do time, não queria fazer. Eu me sentava no ônibus e os caras mais experientes chegavam bravos: "Onde já se viu, todos os jovens carregando e você aqui". E foi com o tempo que percebi que não era uma humilhação, era respeito pela função do outro. Tudo isso são coisas que eu tinha resistência, mas aos poucos eu percebi que gostava dessa disciplina e que ela seria muito boa para mim.

O tempo foi passando e eles não aliviavam. Cobravam e eram firmes, mesmo que eu tivesse me tornado o camisa 10 e fosse o craque do time. Até que chegou o momento decisivo: eu precisava me adaptar às regras do time e às regras do país – e isso só me trouxe benefícios. Foi um aprendizado que levei para a vida e minha carreira toda.

Outro fator de dificuldade foi o idioma, mas eu contava vinte e quatro horas por dia com um tradutor alemão chamado Rolando, que me auxiliava em tudo. Um cara gente boa, tranquilo, até no banco de reservas ele ficava para passar as orientações do treinador para mim. E eu até poderia ter me sentido confortável dessa maneira, se não fosse um

QUANDO UMA PORTA SE FECHAR, ABRA A OUTRA!

sentimento: eu queria ter independência em minhas próprias interpretações das conversas e queria me expressar diretamente com as pessoas.

Na vida, muitas vezes nos encontramos em situações de conforto, então é preciso analisar se esse conforto nos é benéfico ou se está nos tornando desleixados. Assim, comecei a me dedicar a aprender inglês, que eu já tinha começado a estudar em Portugal, para me comunicar de maneira independente.

Mesmo com tudo isso, de vez em quando eu ainda tinha um comportamento mais intempestivo, principalmente dentro de campo, mas até nisso foi importante ter ao lado jogadores experientes para bater de frente e que me fizeram aprender muito. O Torsten Frings e o Klose, que eram da seleção, por exemplo, tiveram resistência com esse comportamento por um bom tempo.

A liderança para defender os valores do time é fundamental para a estrutura não desabar, e os jogadores mais experientes garantiram que eu me adequasse ao ritmo da equipe. Eu era de bater boca, reclamar, gostava de fazer o aquecimento com blusa por causa do frio, e o Frings e o Klose sempre me corrigiam – o que gerava discussões, reflexões e, depois de muita resistência da minha parte, mudanças. E tudo isso foi muito benéfico para mim.

Afinal, é preciso que um líder tenha os valores muito bem definidos para alcançar um resultado. Se um gestor, por exemplo, não aceita atrasos, pronto. Não tem discussão. Não pode ter atraso. É fundamental que isso seja respeitado. Na Alemanha, eu era rebelde e eles exigiam respeito. Por mais que eu tenha dado dor de cabeça para eles, no fim, eu me adaptei a esses valores.

Foram três anos de muita evolução e em que tive a oportunidade de jogar com atletas talentosíssimos. Um deles foi o Mesut Özil, campeão do mundo com a Alemanha na Copa no Brasil e com quem eu desenvolvi uma parceria muito marcante para os torcedores do Werder. Ele era um jovem de 20 anos que já chegou no treino mostrando que tinha muito potencial. Veja, os alemães têm certa resistência com jogadores mais novos, mas eu via que o Özil precisava jogar e procurei ajudá-lo nesse sentido. Nos entendíamos muito bem em campo e, sempre que ele entrava, os mais velhos queriam dar dura nele e eu o defendia. Com o tempo, ele conquistou o seu espaço e se tornou importante. Foi uma relação muito legal e foi um cara que me ajudou muito dentro de campo.

O que eu vivi no Werder Bremen foi semelhante ao que vivi no Santos no ápice da fama. Por conta da minha adaptação, da minha disciplina para fazer acontecer e das amizades que cultivei depois de ultrapassar as barreiras da cultura, eu comecei a realmente fazer a diferença para o time, para os fãs e para a comunidade em geral. Eu era convidado para programas de TV além da barreira do esporte; o Franz Beckenbauer, que é o maior ídolo do futebol alemão, me elogiava direto em entrevistas; e então comecei a despertar muita procura por parte de clubes de toda a Europa.

A cada jogo, a minha confiança só aumentava e me transformava rapidamente em um jogador de excelência. E isso aconteceu como fruto de todo o meu esforço para alcançar a performance de alto nível em minha carreira. Eu já tinha feito bastante dinheiro e, embora jovem, eu poderia ter lavado as minhas mãos em Portugal, mas descobri que a minha verdadeira felicidade estava em minha profissão, e que não havia barreira nenhuma que me impediria de ser o melhor possível na minha área.

Até hoje recebo um carinho muito grande de torcedores, do clube, de pessoas que trabalharam comigo. Meu gol de antes do meio de campo, em 2006, contra o Alemannia Aachen, foi eleito o mais bonito da história. É um reconhecimento que faz bem, pois é importante deixar um legado que vai ser eterno.

Esta é a motivação que deve guiar todo profissional: o desejo de se provar melhor a cada dia, encontrando caminhos para crescer continuamente, mesmo diante de obstáculos que parecem ser o fim da linha, mas são apenas uma curva acentuada. Hoje tenho muito orgulho de ter seguido nesse rumo, de ter superado as minhas próprias expectativas e insistido em meu talento, em quem eu gostaria de me tornar no futuro.

Sinto uma sensação de que valeu a pena todo o esforço e de que a etapa foi cumprida de forma perfeita com o título da Copa da Alemanha de 2009, contra o Bayer Leverkusen. Foi meu jogo de despedida, pois já estava definido que eu ia defender a Juventus, da Itália, e foi uma noite marcante.

Era 30 de maio de 2009, no estádio Olímpico de Berlim, com 74 mil torcedores presentes, e do túnel já ouvia a torcida cantando meu nome como homenagem. Joguei bem, dei assistência para o Özil marcar o gol do título e pude dar adeus no prédio da prefeitura de Bremen com o troféu em mãos. Foi o roteiro perfeito com resultados maravilhosos e muitos ensinamentos. Superou totalmente as minhas expectativas.

QUANDO UMA PORTA SE FECHAR, ABRA A OUTRA!

A DISCIPLINA É A MAIOR ALIADA DO TALENTO.

Mesut Özil, companheiro de Diego no Werder Bremen e campeão do mundo com a Alemanha na Copa do Mundo de 2014, no Brasil

Ter a possibilidade de jogar com jogadores como o Diego quando eu era jovem foi uma honra muito grande. E até hoje me sinto honrado por ser comparado a ele. Diego foi o melhor meio-campista da Bundesliga naquela época. Era o jogador mais desejado e poderia ter defendido qualquer grande clube da Europa.

Não é um jogador muito alto, mas controla a bola muito bem, tem uma fantástica capacidade de drible e é ótimo na frente do gol. Foi um profissional que contribuiu com muitos gols e assistências no período em que defendeu o Werder Bremen e tornou mais fácil a vida de seus companheiros. No tempo em que atuamos juntos, Diego me deu muitos conselhos que até hoje me auxiliam tanto como jogador quanto como ser humano.

Naquela época, sempre foi pauta na imprensa alemã quanto os jogadores de países como o Brasil poderiam ser indisciplinados, mas Diego sempre desempenhou um futebol do mais alto nível e nunca demonstrou qualquer tipo de problema de adaptação à cultura alemã e europeia. Ele apenas amava jogar futebol e mostrava isso não somente em todos os jogos, mas em todos os treinamentos.

Todos nós, seus companheiros de time, sabíamos que bastava dar a bola para ele que o adversário correria perigo. Claro que todos os times o conheciam muito bem, mas na maioria das vezes não conseguiam pará-lo. É um jogador com muita técnica nos dois pés e nunca se importou com quantos jogadores tentavam caçá-lo em campo.

Esses cinco anos na Europa me ensinaram muito. A maior lição foi que não devemos ter medo do desconhecido, mas sim nos animarmos com ele. As coisas nem sempre vão sair como planejamos, mas se há um objetivo, não deve haver resistência aos novos desafios. A vida é feita por caminhos inesperados e imprevisíveis. Eu, por exemplo, jamais imaginei ser listado entre os melhores do mundo na Alemanha e por um clube que eu nunca tinha ouvido falar, mas aconteceu porque criei coragem de dar uma chance para a oportunidade que bateu à minha porta.

Não é porque vivemos um momento em que as portas se fecham na nossa cara que devemos desanimar e desistir. No Porto, a porta foi fechada para mim. Então, precisei encontrar ferramentas para dar a volta por cima e encontrei a melhor saída no caminho mais improvável. E é esse posicionamento que você precisa assumir em sua jornada se deseja vencer lá no fim da história. Isso se chama resiliência, acredite que você nasceu para dar certo.

No entanto, acompanhando esse desejo de crescer, também deve vir a disciplina, que sustentará o seu desenvolvimento ao longo de todo o caminho. Ela é um hábito que deve andar de mãos dadas com a sua vontade de entregar o máximo. Quando um lado tenta soltar a mão e desistir, o outro faz força para continuar e manter você no eixo, performando da melhor maneira possível.

Essa é a balança que sustentará toda a sua jornada rumo ao sucesso.

CAPÍTULO 8

Os riscos da mudança são a solução dos problemas

O sucesso no Werder Bremen me deu um poder de escolha muito claro sobre meu futuro. Depois de fazer história naqueles anos perfeitos, estava nas minhas mãos decidir o próximo passo. E é justamente nesse momento que é necessário ter muito cuidado, pois quanto maior o leque de opções, maior o risco de a escolha não ser a ideal para você. Para mim, na época, em toda janela de transferência que se abria, a cobiça de outros clubes era uma constante, e quem mais fez força desde o início foi o time da Juventus, da Itália.

Foi praticamente um acompanhamento de longo prazo. Eles foram ao Werder e pediram prioridade, queriam ser avisados quando o clube quisesse me negociar, mas também me ligavam e iam a Bremen com frequência. Nesse período, recebi propostas do Atlético de Madrid, Real Madrid, Bayern de Munique... E a oferta do Bayern foi muito forte na janela do verão europeu de 2009. É um clube muito poderoso, e meu pai estava na Alemanha para negociar com a Juventus quando recebemos uma ligação do Uli Hoeness, então presidente do Bayern, querendo fazer uma proposta.

Sempre fomos abertos a ouvir novas propostas, mesmo que já desejássemos outro caminho. Na maioria das vezes, essa atitude nos trouxe oportunidades maravilhosas, pois nos abria a mente para o que estava acontecendo no mercado e nos dava alternativas, além de munição para as outras negociações. Só que, por outro lado, também era difícil quando vinha uma proposta muito boa, que nos balançava e trazia dúvidas. Ouvir novas propostas, entretanto, é sempre benéfico, pois nos dá mais argumentos nas negociações e, após a decisão, temos uma sensação de certeza do que estamos escolhendo.

Ouvimos a proposta do Uli Hoeness e era extraordinária, melhor do que a da Juventus, e com pagamento à vista. Só que o acordo com os italianos estava praticamente selado e existia um fator determinante: eu acreditava que o meu caminho na Alemanha já estava finalizado e meu pai concordou comigo que a Itália traria novos desafios e crescimento. Assim, usamos a proposta do Bayern na negociação com a Juventus.

A diretoria do Werder Bremen logo rechaçou a ideia, dizendo que eu jamais iria para um rival. Foram muito incisivos nessa negociação, porém eu blefei estrategicamente: "Vou para o Bayern", disse. E deu certo. A Juventus relutou, mas acabou cobrindo os valores e fechou o contrato por quatro anos.

Aqui abro o leque para uma questão importante: saiba sempre o seu valor de mercado. As pessoas, na maioria das vezes, não vão oferecer exatamente o que você merece, e é sempre importante testar os limites de maneira estratégica e inteligente para ver até onde você pode alcançar. Por isso, conhecer o mercado, especular seus concorrentes e pesquisar como estão seus colegas são ótimas estratégias para quando estiver em busca de mudar algo em sua carreira, seja um novo cargo ou uma nova empresa. Acredite: o seu trabalho vale muito, e você deve receber o justo por ele.

É preciso entender o que serve para você e o que não será bom para o seu futuro, e isso aconteceu comigo em 2008, quando recebi uma proposta do Real Madrid. Meu pai e eu nos reunimos na casa do ex-jogador Predrag Mijatović, que tinha virado dirigente, e falamos que queríamos, sim, ir para o Real Madrid. Só que a condução da negociação foi muito insatisfatória. O clube botou a proposta na mesa, falou que era a chance de jogar no maior clube do mundo, mas era um valor quase 50% menor do que a Juventus já se propunha a pagar naquele momento.

Meu pai logo negou, falando que estava muito fora do que esperávamos. A resposta deles foi de que eu não ganharia em salário, mas em status por me tornar um jogador do Real Madrid, um grande time, com grandes nomes do futebol. Recusamos, mas ficou aquilo no coração: "Caraca, estou falando não para o Real Madrid". De qualquer forma, eu sabia o meu valor e o status era algo muito intangível para eu acreditar que seria suficiente.

Eles ainda pediram prioridade em alguma negociação futura, mas também não demos. A badalação era muito grande, eu tinha feito uma ótima partida contra eles pela Champions League, estampei manchetes do jornal *Marca* e o holandês Ruud van Nistelrooy disse que eu devia jogar no Real. Só que eles nunca fizeram uma proposta compatível ao que eu desejava e, um ano depois, fechei com a Juventus.

Veja bem, ao me tornar um profissional altamente qualificado, eu comecei a ser disputado entre os grandes, o que me deu um poder que, até poucos anos atrás, eu não tinha. O crescimento contínuo e a entrega de resultados nos garantem essas oportunidades de escolha, em que podemos visualizar exatamente o melhor caminho possível para nós.

> **" NÃO TENHA MEDO DE TENTAR, TENHA MEDO DE NÃO TENTAR E VER QUE A VIDA PASSOU E VOCÊ NÃO SE ARRISCOU COMO DEVERIA. "**[23]

Ali estava eu, vivendo um novo sonho. Cheguei à Itália realizado por alcançar um dos gigantes europeus, acreditando que seria possível disputar o título da Champions League e ficar entre os melhores jogadores do mundo... Eu tinha uma expectativa muito alta. Porém aquele foi um ano de reconstrução quase que completa do clube.

A Juventus ainda estava se restabelecendo na elite italiana após disputar a Série B até poucos anos antes não por rebaixamento no campo, mas por um escândalo de esquema de manipulação de resultados, e o clube decidiu que iria se revolucionar no retorno à Série A. A ideia era fazer uma transformação para um time mais técnico e eu fui contratado como o símbolo desse momento: um meia-ofensivo habilidoso para desempenhar um papel importante nessa mudança.

O começou foi tranquilo. Fiz uma boa preparação, me sentia na linha de frente em um time cheio de jogadores consagrados e campeões do mundo com a Itália – Del Piero, Grosso, Cannavaro, Buffon, Camoranesi –, todos haviam vencido a Copa de 2006 e possuíam uma força muito grande no clube. Fui muito bem recebido, mas sentia a insatisfação dos jogadores não com os reforços, e sim com a mudança de ideias do clube, de esquema, de posição. Eles não concordavam muito com o treinador Ciro Ferrara, um cara gente boa, campeão da Champions pela Juventus em 1996, mas que tinha dificuldade em lidar com essa situação no vestiário.

Começamos o campeonato muito bem e, logo na segunda rodada, arrasei em um jogo contra a Roma no estádio Olímpico. Era 30 de agosto, começo daquela história, e vencemos por 3 a 1, sendo dois gols

---

[23] SÓ existe o agora. Intérprete: Charlie Brown Jr. Compositores: Chorão; Heitor Gomes; Thiago Castanho. In: Camisa 10 joga bola até na chuva. Rio de Janeiro: EMI Music Brasil, 2009. Faixa 5.

meus. Foi um dia de sonho que nunca vou esquecer. O estádio estava lotado e na saída todo mundo me abraçou, me exaltando, me chamando de fenômeno. Fomos escoltados para o aeroporto, sirene abrindo caminho, e ali eu lembrei o que o Ronaldo Fenômeno tinha me aconselhado:

— Entre Real Madrid e Juventus, vai para a Juventus. Você vai sentir o calor humano do italiano. Se você fizer uma temporada de trinta gols no Real Madrid, será mais um. Se fizer trinta gols na Juventus, vai valer muito mais. A torcida e a imprensa italiana vão te consagrar.

Essas palavras ficaram marcadas e eu me impressionei com o reconhecimento tão grande por causa de um jogo. A ascensão foi incrível e me fez sentir a potência de um clube como a Juventus. Era data Fifa, ficamos duas semanas parados, aproveitei para viajar com a Bruna, fomos seguidos por paparazzis e nossas fotos saíam em tabloides. Porém, na volta, em um jogo contra o Lazio, eu me machuquei. A partir dali, as coisas ficaram mais difíceis.

Os resultados passaram a não ser os esperados pela torcida e o ambiente ficou pesado. Surgiu insatisfação entre os jogadores e o treinador, o que culminou em reuniões e gerou um clima muito ruim. Era uma sensação de desconfiança e o time não conseguia alcançar um nível saudável e solidário como equipe. Nunca tive problema de relacionamento com ninguém, mas internamente aconteceram algumas desavenças

Nessa onda, o Ciro Ferrara saiu e chegou o Alberto Zaccheroni, mas ainda assim não foi o ideal. Lembro-me de um dia que estava muito frio e o Zaccheroni queria fazer trabalho tático no campo, mas os jogadores mais antigos disseram que não, só se fosse na parte coberta. Era tudo muito complicado. A Juventus tinha essa questão cultural: os jogadores mais antigos ditavam as regras e contra eles não havia força que ganhasse.

Aprendi a falar italiano rapidamente para ficar mais à vontade no ambiente. Ia para a fisioterapia e combinava que só falaria o idioma durante o tratamento, que era para me corrigirem e me ajudarem. Até que um dia dei entrevista para a TV do clube e todo mundo se surpreendeu! Outra vez, eu poderia ter usado um tradutor, mas fiz questão de tentar me tornar mais próximo do time e do país em que estava.

Porém, infelizmente, a realidade nos bastidores não significava que as coisas davam certo dentro de campo. Terminamos em sétimo

OS RISCOS DA MUDANÇA SÃO A SOLUÇÃO DOS PROBLEMAS

lugar na temporada, quase trinta pontos atrás da Inter, que foi campeã, e a decepção foi muito grande.

Fiz uma boa temporada, joguei 44 partidas, 42 como titular, fiz sete gols, e sabia que o que não havia dado certo fora pelos problemas internos. Não tive um rendimento ruim, mas era abaixo do que eu esperava de mim mesmo. Então veio novamente aquele sentimento de que precisava fazer dar certo, de que a responsabilidade era minha. Foi um período em que me cobrei demais. Eu não poderia chegar até ali para falhar.

A verdade é que todos nós, profissionais, ficamos muito reféns da expectativa dos outros e de nós mesmos. Eu cheguei depois de três anos maravilhosos na Alemanha, eu era o cara que o Real Madrid e o Bayern queriam, e o que seria uma temporada aceitável para qualquer um, eu avaliava como muito ruim, mesmo que fosse mais por culpa do todo do que minha em particular. Nunca ninguém me culpou pelo que aconteceu, mas eu mesmo fiz isso.

Nesse meio-tempo, Bruna e eu nos casamos nas férias. Foi um acontecimento que me deu fôlego, em que eu vivi um dos dias mais especiais da minha vida, rodeado de amigos, e tentei me esquecer dos problemas. Eu tentava abstrair, aproveitar ao máximo esse momento no Brasil... até que recebi a informação que a Juventus havia contratado quem? Luigi Delneri, aquele treinador que estava no Porto antes da minha entrada para o time e que, na ocasião, disse que eu não tinha lugar na equipe de jeito nenhum. Imagine só o meu emocional como ficou. Eu agia como se tivesse um alvo na testa, não era possível aquela perseguição toda. Fiquei logo alarmado e pensei: *Realmente, não querem que eu fique na Juventus.*

Quando voltei, a primeira coisa que fiz foi exigir uma reunião com o treinador para saber se ele contava comigo ou não. Eles responderam que eu seria utilizado, que seria importante, mas um agente que tinha participado da minha negociação me chamou e mostrou uma procuração da Juventus autorizando a minha venda. Ou seja, eles falavam uma coisa e agiam de maneira diferente pelas minhas costas.

Foi quando eu decidi: aquele não era o caminho para mim. Eu jamais poderia performar em um time cujo treinador não me queria e que já estava fazendo as papeladas para a minha venda.

" RESGATE SUAS FORÇAS E SE SINTA BEM. " [24]

Porém, em nenhum momento me arrependi de não ter ido para o Real Madrid ou para o Bayern de Munique. Eu havia tomado a melhor decisão para mim, mas os ventos não estavam mais favoráveis e precisaria fazer uma nova escolha, e precisava ser rápido, porque eu não aceitava mais ficar ali. Ainda fiz três jogos eliminatórios da Europa League, mas já com a convicção de que iria para outro time. O local: Alemanha novamente.

O Schalke 04 me queria e fez uma proposta boa que agradou a Juventus, até que o Wolfsburg chegou com uma oferta absurda e que também foi melhor para mim. Era um time que tinha sido campeão da Bundesliga pouco antes, que tinha o Grafite, o Džeko e outros grandes jogadores, então foi a minha escolha óbvia. Na minha cabeça, era o cenário perfeito, porque eu sairia da Itália e voltaria para um país onde eu já tinha sido muito feliz.

Cheguei na Alemanha metendo a boca na Juventus, falando de tudo que tinha acontecido por baixo dos panos, que não foram sinceros comigo, e esperava que o Wolfsburg fosse o recomeço, estava com muita expectativa de voltar a ser o craque da Bundesliga. Acreditava que iria desfrutar de novo daqueles anos maravilhosos dos tempos do Bremen. Ledo engano.

Ao trocar aquela realidade, em vez de enfrentá-la e tentar superá-la, eu acabei tomando uma decisão prematura que não me foi vantajosa. Hoje em dia, eu com certeza continuaria na Juventus, teria encarado aquela situação. Somente com o tempo eu vi que sair não tinha sido o melhor caminho, mas isso eu demorei muito para aprender.

Lendo o livro do Bernardinho, *Transformando suor em ouro*, uma frase me marcou muito: "Sucesso é consistência em performance de excelência. É produzir resultados ao longo do tempo.". Hoje, eu escolheria ter consistência na Juventus, mas eu não tive a maturidade de perceber

---

24 PONTES indestrutíveis. Intérprete: Charlie Brown Jr. Compositores: Chorão; Thiago Castanho; Heitor Gomes; Pinguim; Edu Ribeiro. *In*: Ritmo, ritual e respostas. Rio de Janeiro: EMI Music Brasil, 2007. Faixa 1.

e encarar dessa maneira na época. A autopiedade me cegou para um contrato de quatro anos com um clube que lutei anos para chegar, eu não perderia nada ficando mais um ano ali para tentar mudar aquela realidade.

Porém, não pense que eu desci degraus. Quando se está nessa altura, podemos optar por pequenas quedas que sejam satisfatórias em nossa jornada, mas eu, em minha pressa, dei um pulo errado.

Voltei para a Alemanha já com outro tipo de tratamento e valorização, o clube mandou um jato gigantesco da Volkswagen, que é dona do time, para me buscar. Fui recepcionado como uma estrela e também cheguei bem fisicamente. Já tinha jogo no fim de semana, me deram camarote para levar a família, e foi um início lindo: toca para lá, toca para cá, marquei um golaço e fizemos 3 a 0 para o Wolfsburg ainda no primeiro tempo contra o Mainz. Pensei comigo: *a sorte virou*.

Todo mundo feliz, impressionado, aquele êxtase na cara dos jogadores no vestiário. Olhavam para mim encantados. De repente, 3 a 1, 3 a 2, 3 a 3, ninguém entendendo nada, 4 a 3 para o Mainz. Perdemos de virada! Que ducha de água fria.

O treinador era o inglês Steve McClaren, que tinha uma moral absurda e, ainda assim, não sabia o que falar. Aos poucos, enxergamos que aquele também era um elenco partido, com jogadores com interesses distintos. O Džeko, atacante bósnio que é ídolo do clube, queria ir embora para o Manchester City, mas o Wolfsburg não liberava, então ele reclamava, fazia cara feia, armava discussão, e a coisa desandou. E eu, mais uma vez, assumi a linha de frente, me tornei titular absoluto, tentei fazer as coisas acontecerem, e nada.

Era aquela mesma realidade da Juventus: eu começava a desenvolver uma liderança, mas que não era impactante e estratégica como deveria ser. Eu não sabia direito como fazer aquilo ainda e apelava para bater de frente com todo mundo. Mas liderança não é isso.

Grande parte da capacidade de liderar é servir, ter compaixão, cumplicidade. É reunir um time que está disposto a vencer, que sabe somar forças aos colegas para entregar com efetividade o que precisa ser feito, e quem tece esse ambiente de parceria é o líder – coisa que eu não sabia executar na época, e nem sabia que era uma habilidade que me faltava.

O líder muitas vezes precisa saber escutar, analisar o ambiente e agir pontualmente. Em um momento em que muitos interesses individuais se sobrepõem ao todo, liderar coletivamente não vai ser a solução. É preciso respeitar a individualidade de cada um, ser compreensivo, dar afago quando necessário e ser firme se assim a realidade pedir. São comportamentos que só o tempo nos ensina. Seja o tempo como profissional, seja o tempo de convivência com aqueles indivíduos que esperam de você esse tipo de posicionamento.

É preciso passar por cima do orgulho em prol do objetivo comum a todos. Entender que não são decisões de acordo com o que você pensa ou quer individualmente, mas sim aquelas que impactam no todo. O mais importante é o bem coletivo e não anseios individuais.

Como sempre na vida, em meio ao caos, há luz. Nesse mesmo período vivi uma das maiores realizações de uma pessoa: me tornei pai. Davi Moura Cunha nasceu em Wolfsburg, no dia 1º de fevereiro de 2011. Durante a gestação, fiz um golaço de bicicleta no clássico com o Hannover e homenageei meu filho com uma chupeta que tinha amarrado no calção. A sensação de ser pai é algo diferente de tudo, um divisor de águas na vida. Um filho passa a ser a grande referência para tudo o que você realiza, e um pai assume a responsabilidade de ser exemplo para aquele pequeno ser em desenvolvimento. O Davi ia para todo lugar comigo, até mesmo para o campo, pois eu o levava para os treinos e para a pré-temporada. Foi uma fase muito gostosa e que trouxe leveza para esse momento da minha vida.

Nesse cenário em que eu lutava para me tornar um líder e pai exemplar, o Steve McClaren foi demitido e chegou o Felix Magath na 27ª rodada para salvar o time do rebaixamento. Quando ele foi contratado, já tinha fama de ser difícil. Quando a notícia de sua contratação chegou, rolou uma apreensão geral, mas eu tinha uma expectativa boa, pois sabia que ele já tinha pedido minha contratação no Schalke 04. Até que chegamos na última rodada do campeonato precisando de resultado para não sermos rebaixados. Eu e o Josué, volante brasileiro, jogávamos sempre os noventa minutos de jogo, até que o treinamento me falou: "Descansem durante a semana e voltem a treinar dois dias antes do jogo". O Josué voltou para o time titular e eu para o reserva. A partir daí, tivemos vários conflitos.

Nunca imaginava que ele ia me barrar, achei que era para deixar o desafio do treino mais forte. Algumas horas antes do jogo, ele escrevia o nome dos jogadores em um quadro. Viajamos para Hoffenheim e quando passou minha posição e eu não estava, fiquei muito bravo. Levantei e disse: "Rapaziada, bom jogo. Eu vou embora". Um preparador físico dele ficou parado, bloqueando a minha saída, mas o Magath pediu para ele me deixar partir. Fui na direção dele e ele saiu da frente. Entrei no trem e voltei para Wolfsburg com meu pai muito irritado. Durante o jogo, ficou aquela tensão com o risco de rebaixamento, pressão até o fim e vencemos por 3 a 1. Nos salvamos.

A repercussão foi enorme na época. Como o time não caiu, o Magath ficou com a fama de ótimo técnico e eu com a de jogador rebelde. Tudo se virou contra mim. Tomei uma multa pesada por minha atitude e passei as férias com esse sentimento de raiva preso na garganta. Na reapresentação, ele reuniu todo o elenco, anunciou a pré-temporada e disse, com um ar de prepotência e com pausas, andando de um lado para o outro:

— Você, Diego, enquanto eu estiver neste clube, não joga nunca mais. Sua atitude foi inaceitável.

Peguei minhas coisas para ir embora, mas quando estava saindo do vestiário, ele disse: "Aonde você vai? Você não joga, mas treina". Foi uma provação tudo aquilo, mas eu tinha consciência de que não podia mais me rebelar. Essa foi mais uma vez em que foquei em me desenvolver bem em vez de largar a mão de tudo por conta do nervosismo. Assim, me tornei o primeiro em todos os testes físicos da pré-temporada. Eu queria mostrar minha capacidade e me tornar notável.

Às vezes, quando a desavença cai sobre nós, é preciso erguer o queixo e seguir em frente com a sua melhor performance. Afinal, é tudo o que você tem para mostrar o seu real valor e apresentar-se ao mercado como um profissional, e não como um adolescente magoado.

Nessa caminhada, novamente começaram a surgir propostas e eu logo decidi que ia para o Atlético de Madrid. O Magath era mais do que um treinador no clube, ele tinha carta branca do presidente, gerenciava também as ações de mercado e, semana a semana, me chamava na sala para saber como estava a sondagem dos times sobre mim. Foi um jogo psicológico. Ele estava me testando enquanto o time perdia, mas a imprensa cobrava e ele me segurava.

Ele me controlava de todas as maneiras e eu, que sempre tive muita autonomia nas minhas escolhas, não conseguia aceitar estar passando por uma situação assim. Até que, na última semana da janela de transferências, ele colocou empresários da empresa alemã Rogon para me pressionar. Eles me convocaram para uma reunião e foram muito claros: "Vamos ajudar você a ir para o Atlético, mas precisa ser por esse caminho". Eu falei que ficaria a vida inteira no Wolfsburg, sem jogar e treinando separado, mas não aceitaria ser controlado daquela maneira. Por conta desse comportamento, o Magath viu que não tinha solução e me chamou no último dia da janela para ir ao clube definir a transferência para o Atlético de Madrid.

Ele marcou conosco ao meio-dia e nos deixou esperando até passar das seis da tarde – e ainda havia um prazo para regularização da transferência. Documento para lá, para cá, muitas negociações, e eu segui firme, não queria abrir mão de nada. Até que no limite do tempo chegou o papel da Espanha com termos diferentes do que tinha sido combinado.

Eu queria recusar por causa disso e foi quando meu pai teve a serenidade de me acalmar. Foi um lado dele que eu nunca tinha visto na vida. Falou sobre toda aquela situação e me perguntou: "Você não quer jogar lá? Está falando isso a janela inteira... Então, vai ser feliz. Depois que chegar lá, a gente resolve o que faltou!". E acertamos a minha ida por uma temporada para o Atlético de Madrid.

O que acontece é que, em alguns momentos, seremos pressionados para fugir de nossa essência; as pessoas tentarão tomar o controle de nós e só cabe à nossa atitude jamais deixar que isso aconteça. Ser fiel a si mesmo e acreditar em seus ideais é o que garantirá o seu sucesso no futuro. Afinal, quando vendemos quem somos por medo de cair, acabamos seguindo os passos de outras pessoas, e não os que planejamos para nós mesmos.

Assumir a responsabilidade pela sua carreira é um fator importantíssimo que definirá tudo o que você construirá, é o que nos tira de situações muito ruins e nos leva para novas oportunidades que, mesmo quando incertas, podem nos dar a chance que precisamos para evoluir em todas as áreas da carreira – algo que eu aprendi nesse período da minha vida que contei agora.

Eu ainda era um líder imaturo, assim como todos nós somos em algum momento da vida, mas eu sabia que liderar estava em meu caminho, e eu precisava encontrar onde isso se concretizaria.

OS RISCOS DA MUDANÇA SÃO A SOLUÇÃO DOS PROBLEMAS

> ASSUMIR A RESPONSABILIDADE PELA SUA CARREIRA É UM FATOR IMPORTANTÍSSIMO QUE DEFINIRÁ TUDO O QUE VOCÊ CONSTRUIRÁ.

PAPO DE VESTIÁRIO

Aprendi que nunca podemos tomar os erros do coletivo como nossos, mesmo quando estamos em um papel de destaque na equipe. É claro que o seu desempenho vai impactar o resultado, mas tudo o que você pode fazer é entregar o seu melhor no que lhe cabe. O que está ao redor, infelizmente, não está sob seu controle, e entender isso faz um bem danado para o nosso emocional e nossa visão de futuro.

São situações insatisfatórias que podem tirar o nosso foco e nos deixar à flor da pele, como aconteceu comigo nessa parte da minha carreira. Mas, independentemente da situação, manter a mente clara é a melhor estratégia que podemos ter em qualquer momento, principalmente nos decisivos. Se tivesse essa mentalidade na época, eu não teria desistido do Juventus e teria sofrido muito menos no Wolfsburg.

Ter controle emocional para lidar com situações adversas faz parte do processo de crescimento, e quanto antes amadurecer esse lado em si mesmo, menores serão as chances de você cometer o mesmo erro que eu, de deixar o calor do momento tomar uma decisão em seu lugar. Esse pode ser um diferencial na hora de seguir o caminho que você nasceu para trilhar.

CAPÍTULO 9

O equilíbrio entre o protagonista e o coadjuvante

Foi com essa atitude, e o peso sobre os ombros de não ter me desenvolvido como eu gostaria nos times anteriores, que iniciei meus novos passos na Europa. Esse período em Madri me ofereceu o recomeço que eu desejava. Na época, eu já queria ir para a Espanha, acompanhava o campeonato e via como o nível para jogar futebol lá era fantástico. Ao chegar, fui super bem recebido e o treinamento já começou com velocidade total. O Atlético era um time envolvente, que já criava muita expectativa para aquela temporada de 2011/2012.

Eu estava ansioso para mostrar o meu melhor, mas, novamente, me vi diante de uma situação complicada. O técnico era o espanhol Gregorio Manzano e nós começamos bem o campeonato, até que, na sexta rodada, tomamos uma pancada do Barcelona: 5 a 0, sendo três gols do Messi. A partir dali, começaram os altos e baixos e fomos eliminados da Copa do Rei da Espanha para o Albacete, um time da segunda divisão. Foi uma confusão só, que piorou depois que os jornais estamparam: "Manzano se suicida". Não havia acontecido isso literalmente, mas era a impressão figurativa que dava, pois ele tomou um monte de decisões controversas que indicavam que já queria deixar o time. Foi então que recebemos o Diego Simeone como técnico, o que mudou a história do Atlético de Madrid.

Eu já o conhecia dos tempos em que ainda era jogador e o respeitava muito. Depois, se tornou um treinador com uma gestão muito boa, que entregava paixão e confiança para o time, o que faz toda diferença em um líder.

Quando um gestor consegue motivar as pessoas ao seu redor, ele impacta direta e indiretamente todo o ambiente, e isso influencia também no resultado que é alcançado. E assim, comandados por alguém que nos tornava mais fortes, fomos campeões da Liga Europa! Sob o comando do Simeone, a minha performance se tornou outra: eu bati recordes de assistências e consegui me destacar na temporada – e isso não aconteceu apenas comigo, mas com todos os meus colegas de campo.

A decisão aconteceu no dia 9 de maio de 2012, em Bucareste, na Romênia, e foi um dos dias mais importantes da minha carreira. Vencemos por 3 a 0, e eu fiz o último gol, que garantiu o título. E foi ainda mais especial por tudo que tinha acontecido comigo no ciclo anterior.

Eu havia superado aquele período sombrio em minha carreira, e ainda quase nos classificamos para a Champions League, o que seria como um título para o Atlético naquela altura.

No entanto, o meu empréstimo para o time terminava ali. Eu precisava voltar para a Alemanha, ainda que o Simeone pedisse pela minha permanência. Infelizmente, o Atlético sempre foi um clube muito difícil de negociar, e eu fiquei em uma situação delicada. Antes do fim do contrato, fomos jogar alguns amistosos na Colômbia e o Simeone seguia falando que eu precisava ficar no clube. Era um cara muito apaixonado pelo meu futebol, com um entusiasmo muito grande. Ademais, eu queria permanecer ali, onde estava feliz com um treinador que promovia não apenas o senso de equipe, mas também entregava uma mentalidade de longo prazo para o clube, com melhorias de estruturas e muitos outros fatores. Apesar disso, havia um problema: meu salário estava atrasado e, como sempre fui firme nesse quesito, acabei por notificá-los com uma cobrança na Real Federação Espanhola e isso saiu na imprensa!

Muitas pessoas podem vir a pensar: *mas Diego, você já devia ganhar muito dinheiro*. A questão, porém, não está relacionada ao valor que recebemos, mas sim à valorização do nosso trabalho. Uma coisa era certa: eu estava pagando as minhas contas em dia, mas também estava dedicando a maior parte do meu tempo para aquele trabalho, e exigia que ele fosse recompensado com o mesmo compromisso que eu aplicava.

Veja bem, eu estava adorando aquele clube, o técnico e o meu desempenho na época, mas é preciso traçar uma linha entre o que você entrega por amor e o seu profissionalismo. Infelizmente, muitas pessoas ainda entregam muito mais do que recebem em troca, e esse é um problema que abrange a cultura, a índole da empresa, a economia e muitas outras questões sobre as quais não me aprofundarei aqui. Porém, uma coisa é certa: você precisa saber o seu valor e os seus direitos e lutar por eles. Afinal, é a sua saúde, o seu tempo, o seu talento, o seu esforço e o seu emocional que estão sendo dispensados ali, em prol de uma empresa que, a partir dessa sua dedicação, também está lucrando.

🙶 O MELHOR PRESENTE DEUS ME DEU, A VIDA ME ENSINOU A LUTAR PELO QUE É MEU 🙷[25]

Paralelamente a isso tudo, o Wolfsburg monitorava a situação à distância, sabendo que eu tinha voltado ao meu melhor nível de performance. A imprensa já tinha voltado a falar de mim como grande destaque, enquanto o time vinha de uma temporada mediana, e isso interferiu na postura do Atlético nas negociações. Afinal, eles sabiam que o Magath ainda era o técnico e que nós tínhamos problemas, então eles acreditavam que eu não iria querer voltar e poderia quebrar meu contrato.

O Simeone ficava me ligando, insistindo por uma decisão, mas o Wolfsburg bateu o pé e disse: "O Diego vai voltar para cá e vai jogar". A diretoria contrariou o Magath pela primeira vez e ficou uma situação complicada. Eu deixei claro que queria ficar no Atlético, mas com um contrato em vigor, precisava cumprir o acordo, não poderia fazer o contrário. Então, para voltar, fiz a exigência de jogar com a camisa 10, e não mais com a 28.

Depois da minha temporada na Espanha, voltei para Alemanha com uma cabeça diferente. O ambiente era hostil, mas Magath e eu resolvemos nossa situação o melhor possível e eu voltei a jogar. Iniciamos a Bundesliga, eu ficava os noventa minutos em campo, mas o time não ganhava, não se desenvolvia em grupo, e as coisas simplesmente não aconteciam. A sensação era de correr, correr e nunca sair do lugar, e isso mexe muito com a nossa estrutura emocional quando não estamos preparados. Porém, eu vivia naquele momento uma questão muito forte e que me deu o suporte necessário para passar por aquele momento de provação mais tranquilamente, tentando compreender que aquilo estava acontecendo por um motivo, para que eu me desenvolvesse de alguma maneira.

Veja bem, eu sempre tive um lado espiritual forte e, em minha intimidade, tentava compreender a minha relação com Deus. No

---

[25] LUTAR pelo que é meu. Intérprete: Charlie Brown Jr. Compositores: Chorão; Thiago Castanho. *In*: Imunidade musical. Rio de Janeiro: EMI Music Brasil, 2005. Faixa 3.

entanto, mesmo sentindo que eu deveria fazer o contrário, até aquele momento da vida eu sempre havia feito as escolhas do meu jeito. Naquela época, porém, eu estava despertando para um novo olhar sobre Jesus Cristo e a sua importância em minha vida como um todo. Foi quando eu entendi que Deus nunca exigirá de nós o que não podemos entregar, mas que precisamos ser humildes para abaixar a cabeça, respeitar e confiar no caminho pelo qual Ele nos guia.

Nesse despertar para uma vida mais alinhada às vontades dEle, passei a orar e colocar em prática o que dizia a Bíblia. Eu abracei a minha fé, e com ela consegui suportar aquele momento em que as coisas não aconteciam para mim nem para ninguém. E então, na oitava rodada do campeonato, o treinador me chamou para conversar:

— Você vai ficar no banco de reservas. O problema não é com você, mas a sua presença bloqueia os jogadores ao seu redor. Você está se esforçando, mas eles não conseguem. Não tenho como fazer outra coisa, então pode ir para o Brasil, tire duas semanas de folga, fala que tem uma dor no joelho e escolhe onde você quer jogar. Eu libero você.

Nesse momento, eu sabia que aceitar esse tipo de situação iria contra as minhas crenças e contra a minha índole. Então eu disse que não iria fazer isso, porque seria uma mentira, e aceitei a saída do time. Não concordei, mas respeitei a decisão dele, e isso acabou sendo uma atitude menos desgastante para nós dois. Preferi aceitar o fato de que, para ele, eu não faria sentido em campo, e segui para o treinamento enquanto ele me observava sem entender muito bem a minha mudança de comportamento.

Ele continuou não entendendo a minha reação e, antes da preleção seguinte, repetiu que eu não estaria entre as escolhas dele. Quando anunciaram o time titular e meu nome não estava, todos os jogadores esperavam que eu explodisse, mas mantive a postura e fui para o banco de reservas.

Durante o jogo, porém, aconteceu algo incrível: foi a primeira vez que a torcida do Wolfsburg gritou meu nome no estádio. Logo no início sofremos 2 a 0 para o Freiburg e todo mundo passou a pedir minha entrada. No ano anterior, muitos haviam visto meu comportamento como indisciplina, mas ali começaram a pedir pela minha participação. Comecei a aquecer atrás do gol, mas não fui chamado para o campo e perdemos o jogo, o que causou uma grande revolta, tanto que até

O EQUILÍBRIO ENTRE O PROTAGONISTA E O COADJUVANTE

165

mesmo o capitão do time, o alemão Marcel Schäfer, pediu uma reunião com todo o elenco para falar sobre o ocorrido.

No dia seguinte, todos os jogadores se reuniram e começaram a desabafar. Aparentemente, eu não era o único insatisfeito ali, e até mesmo o Olic´, atacante croata, e o dinamarquês Simon Kjaer exclamaram suas opiniões. O que surgiu ali naquela conversa foi algo que Schäfer não esperava: enquanto o técnico continuasse, o time não iria ganhar. Assim, chegamos a uma decisão. Um grupo de jogadores se encaminhou à sede do clube e conversou com o presidente, explicando todos os pontos que estavam desgastando a nossa performance, e a solução foi colocar o treinador do time B, Lorenz-Günther Köstner, para assumir o time por um tempo. O resultado: no jogo seguinte, vencemos o Fortuna Düsseldorf por 4 a 1, e eu estava em campo.

O que desejo ilustrar com essa história é justamente que, além da experiência, o que importa de verdade em uma posição de liderança é uma estratégia que funcione bem para cada time em particular. Não existem empresas iguais, cada uma possui a própria cultura e história, e um bom líder precisa entender todos esses detalhes para, então, guiar o time à vitória. Se você tenta executar o mesmo plano em lugares diferentes, o que funcionou em um pode muito bem fracassar no outro, porque todas as variantes mudaram.

Hoje, consigo enxergar com clareza que aquele time precisava de um novo modo de jogar, algo que apenas ficou claro quando todos os integrantes resolveram ter uma conversa franca sobre o que estava acontecendo. Eu acredito muito no poder do feedback aberto, de escutar o ponto de vista de todos antes de tomar uma decisão, e o que mais vemos hoje em todo o mercado é que as empresas que trabalham com essa mentalidade alcançam resultados maiores, pois conseguem superar o ego e dar espaço para críticas e novas ideias, além de se propor a testar uma execução diferente para ver como ela funcionará.

Portanto, deixo aqui uma sugestão: nunca faça como eu fiz naquele momento, em que engoli o sapo sozinho e me senti injustiçado. Converse com seus colegas, tente entender como a equipe está se sentindo em relação a certo assunto, e então tracem, juntos, um plano para tentar melhorar a situação. O maior erro é deixar o medo de arriscar se sobrepor à sua vontade de performar melhor.

💬 NÃO SE PODE PARAR DE LUTAR, SENÃO NÃO MUDA. 💬 [26]

Por mais que esses desafios me tirassem do sério em treino e no campo, eu já conseguia equilibrar e não levar meus problemas para dentro de casa. Foi nessa época em que fui pai pela segunda vez. Assim como o Davi, o Matteo Moura Cunha nasceu na Alemanha, em 8 de outubro de 2013. Foi um momento de muita paz e alegria, em que compreendi a extensão do meu amor pela minha família, e me senti muito abençoado. Assim como em todas as áreas da vida, a experiência me trouxe a segurança de saber o que eu estava fazendo, mas, além disso, me mostrou que o fator humano muda toda a dinâmica de um ambiente.

Apesar de serem filhos do mesmo pai e da mesma mãe, o Matteo e o Davi são completamente diferentes. Por exemplo, enquanto um adora futebol, o outro não dá muita importância, e eu precisei aprender a lidar com isso, assim como com a energia de cada um. Dizem que os filhos nos trazem muito conhecimento, e eu provei que isso é verdade, pois, a partir deles, comecei a entender como é preciso nos adaptar e desenvolver maneiras diferentes de lidar com as pessoas para alcançarmos um mesmo objetivo.

Enquanto eu aprendia mais sobre o ser humano em casa, chegou o momento de renovar o meu contrato com o time. Houve mudança de treinador para o campeonato seguinte, na temporada de 2013/2014, e tudo estava correndo bem, mas o treinador Dieter Hecking começou a questionar o clube sobre os motivos de demorarem tanto para definir a minha situação – ninguém sabia se eu ficaria no time ou se partiria para outro lugar. Eu queria ouvir a proposta, pensava que poderia permanecer no time agora que as coisas estavam melhores, mas ninguém me contatava. Ao mesmo tempo, o Simeone voltou a solicitar o meu retorno para um Atlético que lutava pela Champions League.

Porém, apenas na véspera de um jogo, já no fim de 2013, entrou em cena o cara que me levou do Werder Bremen para a Juventus e

---

[26] NÃO é sério. Intérpretes: Charlie Brown Jr.; Negra Li. Compositores: Chorão; Luiz Carlos Leão Duarte Jr. Renato Pelado; Negra Li. *In*: Nadando com os tubarões. [s.l.]: Virgin, 2000. Faixa 3.

que me fez ir para o Wolfsburg: Giacomo Petralito. Ele me contou que a renovação com o time só sairia se eu assinasse uma procuração para ele fazer toda negociação em vez do meu pai, que ficaria apenas com uma pequena comissão. Ali, novamente, me vi diante dos lados obscuros dos grandes negócios, quando as pessoas sempre querem uma fatia do que é seu em troca da promessa de facilitar o caminho. Como todas as outras vezes, recusei a proposta e avisei que gostaria de voltar para o Atlético de Madrid. Sem outra saída, eles me liberaram e procuraram outro jogador que aceitasse os termos deles.

Como numa novela que se repete, assinei com o Atlético de Madrid mais uma vez no último dia da janela de transferências: dia 31 de janeiro de 2014. Porém, o time estava totalmente diferente, com uma nova forma de jogar e com um Simeone mais controlador do que quando eu havia jogado com eles. Lembra-se do que falei anteriormente sobre como cada pessoa age diferente da outra? Pois é, enquanto eu aprendia essa lição em casa, em campo eu sentia na pele como, em um mesmo local, mas sob circunstâncias diferentes, nós podemos render melhor ou pior.

Comecei a perder a espontaneidade dentro de campo outra vez, pois o treinador me pedia para seguir de uma maneira que, para mim, não funcionava muito bem. Infelizmente, quando você pensa muito para fazer alguma coisa que antes lhe era natural, parece que tudo sai errado, e essa situação foi me travando aos poucos. O Simeone tinha uma expectativa alta sobre mim, mas daquela maneira parecia que eu não estava fluindo como deveria.

Foi uma temporada de altos e baixos. O momento mais alto, sem dúvidas, foi contra o Barcelona, dia 1º de maio de 2014, pelas quartas de final da Champions League, em que fiz um golaço de fora da área e o Simeone comemorou como nunca. A questão era que, mesmo com toda essa situação delicada da minha performance, ele era um cara que vibrava pelos jogadores em todos os momentos, e isso nos mantinha motivados.

Assim, fomos para a semifinal contra o Chelsea, meu último jogo como titular do Atlético de Madrid. Na minha cabeça, eu estava muito bem, até que ele me tirou de campo aos quinze minutos do segundo tempo. Eu reclamei sobre isso, ele me escutou, mas não me colocou no jogo seguinte também. Eu me sentia de fora, sem conseguir entender o que estava acontecendo, até que ele me chamou para conversar e explicou:

— Você estava bem para você, mas não para o time. Não estava fazendo o que eu pedi taticamente.

Chegamos na final contra o Real Madrid, último jogo da temporada, mas novamente não joguei nem um minuto. Ali, eu já vi que minha passagem pelo Atlético tinha chegado ao fim. Por mais que nós dois quiséssemos que tudo funcionasse, ainda mais por conta de nosso sucesso no passado, a coisa não andou daquela vez.

Porém, ao contrário de outros momentos em minha carreira, eu nunca encarei esse caso como um problema pessoal. Eu estava performando diferente do time que ele havia construído em sua estratégia, e não faria mais sentido para nenhum de nós dois insistir em uma questão que não iria funcionar. Naquele contexto, eu fui a pessoa desalinhada com o time, mas compreendi que não era por falta de talento ou vontade, mas porque, para ir bem ali, eu deveria ter equilibrado o meu lado protagonista e ter agido mais como coadjuvante, seguindo as ordens do treinador e executando da maneira que ele indicava, em vez de bater de frente e tentar fazer do meu jeito.

Aprendi, ao longo do tempo, que o protagonismo é extremamente importante para o nosso sucesso, mas também precisamos entender que, em devidos momentos, é necessário seguir o que os outros estão enxergando como melhor para o todo. Apesar de chateado, ali eu entendi que o Simeone tinha um plano em sua mente que não combinava comigo, e eu soube que o melhor caminho seria seguir para outro time em vez de fazer os dois sofrerem ao bater de frente. Em diversas situações, realmente precisamos aceitar que algumas coisas não serão como desejamos e que lutar seria em vão.

Nosso último contato pessoal foi na mesma noite da final, vencida pelo Real, na volta para Madri, pois eu sabia que ele não ia brigar pela minha permanência no time. Quando descemos do ônibus, chamei o Simeone, dei um abraço e falei: "Obrigado por tudo". Ele não entendeu muito bem por esperar que eu estivesse bravo com a situação, mas foi um momento de gratidão pela minha história com o Atlético de Madrid. Eu havia entendido que o meu ciclo ali havia terminado e levei comigo grandes aprendizados, principalmente no quesito trabalho em equipe.

Nem sempre precisamos estar no centro das atenções, com a bola nos pés, dando um passe decisivo ou marcando um gol para sermos importantes. O Atlético me contratou de volta para ser peça de uma engrenagem e não o motor principal. Lições deste período foram determinantes para que eu encarasse de maneira mais serena e natural outros momentos onde coube a outros atletas receber os holofotes e nem por isso quem estava ao redor foi menos relevante e vencedor.

A segunda passagem pelo Atlético me trouxe muitos ensinamentos a respeito do trabalho coletivo. Quanto mais profissionais de alto nível estiverem em um ambiente de trabalho, melhor será o desempenho de todos. Ao me trazer de volta, Simeone contava com o meu talento dentro de campo, mas também com a minha presença para estimular a competitividade dentro do grupo, fazendo com que aqueles jogadores que já estavam ali se sentissem preocupados com a concorrência e apresentassem também sua melhor versão. O sarrafo subiu para todos, e hoje consigo valorizar ainda mais minha importância nesse cenário.

O MAIOR ERRO É DEIXAR O MEDO DE ARRISCAR SE SOBREPOR À SUA VONTADE DE PERFORMAR MELHOR.

Diego Simeone, treinador de Diego no Atlético de Madrid em 2012 e em 2014

Quando cheguei ao Atlético de Madrid, no fim de 2011, encontrei um jogador extraordinário. O Diego jogava como um meia clássico do futebol sul-americano, então fizemos o convite para que jogasse como meia pela esquerda, de perna trocada, porque podia nos dar algo diferente.

Diego é um especialista no momento de decidir entre atacar espaços ou segurar a bola para que a equipe descanse, e no período em que jogamos juntos ele somou todo esse talento a um esforço com o qual não estava acostumado. Se dedicou para entender que com um trabalho coletivo seu talento seria ainda mais decisivo.

Diego é um cara que tem uma boa energia e, por isso, consegue impactar quem está perto dele. Construímos um bom grupo no Atlético e isso passa também pelo que ele ofereceu aos seus companheiros enquanto estava em nossa equipe. Ele sempre foi um profissional com muita vontade de aprender e trabalhamos muito nos treinamentos essa questão da coletividade. O sentido de equipe é muito importante para jogadores talentosos como o Diego. Quando se entende esse espírito, as qualidades se potencializam ainda mais.

Diego conquistou esse nível com muito trabalho e esforço. Passou a ter disciplina em seu jogo, deixou de ficar isolado do processo de recuperação da bola, trabalhou mais em equipe e entendeu que o time é mais importante que o individual. Mas sem se esquecer de que o individual é o que faz com que o time seja diferente.

Quando ele nos deixou, em 2012, sentimos muita falta. Não encontramos alguém que nos oferecia suas características e, por isso, tentamos sua contratação de volta até 2014. Quando voltou, já tínhamos um time forte, que caminhava para um título que ele participou e também nos ajudou muito na liga espanhola. Era um elenco com muitos protagonistas e eles entenderam que a qualidade dos minutos em campo seria mais importante do que a quantidade dos minutos em campo. Assim, formamos um grande time.

Diego sempre teve uma personalidade muito forte. Nos conhecemos quando ele tinha 26 anos, uma idade em que o profissional se desenvolve também como homem. Ele se tornou um atleta capacitado para liderar um grupo, para sustentar uma ideia coletiva e para ser importante para um grande clube com tudo o que aprendeu ao longo de sua trajetória.

PAPO DE VESTIÁRIO

Vou ser sincero aqui: todos somos egoístas em alguns momentos de nossa jornada. Faz parte do nosso crescimento e, felizmente, sempre existirão situações que nos mostrarão que é necessário mudar a atitude.

Egoísmo e individualismo são coisas diferentes, e este último tem vários pontos positivos que podem nos levar adiante. É preciso saber diferenciar o trabalho em equipe, em que você pode ser o motivador do grupo, incentivando o progresso, da ideia de que é preciso fazer tudo sozinho porque você vai realizar melhor dessa maneira. Eu achava que fazia o bem para o time – saia de posição para pegar a bola, tentava driblar todo mundo, sofria falta –, mas não era isso o importante para a engrenagem quando voltei em 2014.

Respeitar a estratégia definida para o time é pensar no todo. É compreender a função de cada companheiro em sua área de atuação e parar de se sentir responsável por performar em tudo ao mesmo tempo. É fato que isso acontece de vez em quando, e não porque querermos ser melhores que os outros, mas por querermos resolver sozinhos em vez de compreender que nossos companheiros estão ali para somar.

Então, é sempre bom observar como a nossa atitude está se desenvolvendo no cenário em que estamos. Além de ser importante entender que a possibilidade do protagonismo não necessariamente será individual, mas também poderá acontecer ao fazer parte do todo, em conjunto com quem está ao seu lado.

CAPÍTULO 10

O reencontro com o propósito

O fim do ciclo no Atlético de Madrid foi um momento de muito aprendizado, reflexão e, principalmente, liberdade profissional. Fazia uma década que eu estava na Europa, tendo passado por quatro países com culturas totalmente diferentes e vivenciado conquistas e frustrações diversas. Eu era um jogador e um homem muito diferente e, nesse cenário, surgiu uma oportunidade interessante para seguir em frente, por vários aspectos além do futebol: a Turquia!

Eu ainda não pensava em voltar ao Brasil, queria novas aventuras, e essa foi a primeira porta que se abriu. Veja, eu estava livre de contratos pela primeira vez na vida, era dono do meu destino, e comecei a descobrir um país inesperado que era completamente apaixonado pelo futebol.

O Fenerbahçe me fez uma proposta excelente, foi um contrato como nenhum outro na minha carreira, e eles sabiam que o Besiktas, que é rival, também me queria, então logo fecharam o acordo. Conversei num dia com o presidente Aziz Yıldırım e no outro já tinha um jatinho em Madri para me buscar. Eles aceitaram tudo que eu pedi, incluindo a proteção da Fifa, que me dava segurança de que todo combinado seria pago, e assinei por três anos com eles.

Chegando lá, fui surpreendido positivamente em Istambul. Que cidade fantástica e com pessoas maravilhosas! Dentro de campo, com grande expectativa, assumi a camisa 10. O clube tinha sido campeão na temporada anterior e buscava o bi em 2014/2015, a cobrança era muito grande para manter aquele nível.

Vivi situações na Turquia que foram impressionantes, pois o povo é muito passional: num instante odeiam você e no seguinte querem dar-lhe um beijo. Enquanto isso, no clube as coisas não estavam legais. Antes mesmo de começar o campeonato, houve a troca de treinador pelo também turco İsmail Kartal. O time fez um campeonato mediano, mas ainda estava no topo da tabela brigando pelo título. Para mim, em particular, foi uma boa temporada. Em trinta jogos, fiz cinco gols, mas nada brilhante. Nesse cenário, começaram algumas sondagens do Brasil, e eu não sabia se deveria permanecer ou voltar.

Enquanto isso, o Fenerbahçe sofreu algumas mudanças e montou um timaço na minha segunda temporada, em 2015/2016. Contrataram o holandês Van Persie, o português Nani, o dinamarquês Simon Kjaer, e o treinador português Vítor Pereira. Apesar da esperança renovada e de muita badalação, perdemos a vaga na Champions ainda na eliminatória para o Shakhtar Donetsk, da Ucrânia. E foi quando começaram as brigas.

A maioria dos jogadores recém-contratados ainda não tinha na cabeça o peso de um título ali na Turquia, reclamavam por não receberem a bola, sobre o espírito de equipe, e as desavenças se tornaram rotineiras. Foi uma confusão e os bastidores começaram a ficar horríveis. Nesse meio-tempo, fiquei alguns jogos na reserva e o clube começou a atrasar os salários. Tentei falar com o presidente, ele não me atendeu, e fui cobrar a Fifa. Saiu na imprensa e a torcida se revoltou contra mim, me chamando de mercenário. Aí, sim, o presidente veio falar comigo: queria me castigar me tirando do time.

Apesar de ser um pesadelo, essa foi uma temporada em que entrei numa fase de reflexão sobre o meu propósito profissional. Por que passar por aquilo tudo? O que eu estava buscando? Na véspera dos jogos, eu comecei a ter um comportamento apático, totalmente diferente do meu natural, e aquilo me preocupou muito. Eu procurava muito a ajuda espiritual, o que me garantiu certa estabilidade, mas ainda assim o meu emocional vacilava e era difícil lidar com aquele turbilhão de emoções. Então, tomei uma decisão que indico para todos que estão passando por um período de dificuldade em suas vidas: decidi buscar um acompanhamento psicológico para entender toda aquela situação.

A partir de consultas on-line, comecei a buscar respostas para o que estava fazendo da minha carreira. Tinha mais um ano de contrato, um contrato que me garantia remuneração, apesar do atraso, mas não estava feliz como profissional. Eu até poderia ter aceitado os resultados medianos, mas não era o que eu queria. Foi um período em que eu entrava em campo refletindo sobre meus objetivos profissionais. O que eu queria para mim?

O dia a dia no Fenerbahçe ficou muito desgastante, principalmente depois de um clássico contra o Galatasaray que precisávamos vencer, mas que empatamos com um gol perdido no final depois de uma jogada minha. O lance foi muito marcante na Turquia, porque o capitão Gökhan Gönül ficou socando o chão e reclamando, o que foi visto como uma falta de respeito, e eu o peguei pelo braço e cobrei respeito para mim e para o companheiro que perdeu o gol. Logo depois, descobriram que ele havia assinado com o Besiktas, que era nosso concorrente, e a torcida enxergou minha atitude como algo positivo.

Na terapia, eu revisitava toda a minha carreira e tentava entender para onde eu desejava ir, como eu poderia me sentir realizado profissionalmente. Foi quando me caiu a ficha de que não podia desistir da Seleção! A Copa de 2018 seria minha última oportunidade (lembra-se?), então comecei a amadurecer a ideia do retorno ao Brasil com mais clareza e objetividade. Eu tinha o interesse de muitos clubes: Santos, Corinthians, São Paulo, Palmeiras, Atlético-MG... E com as oportunidades se abrindo para mim, surgiu o Flamengo em uma ligação que me interessou muito. Eu ainda não estava completamente resolvido emocionalmente, mas foi uma chance em que arriscar pareceu melhor do que não tentar.

> **O TEMPO PASSA E UM DIA A GENTE APRENDE. HOJE EU SEI REALMENTE O QUE FAZ A MINHA MENTE.** [27]

O Flamengo já tinha me procurado outras vezes, só que nessa a abordagem foi diferente. O Alexandre Wrobel, que era vice-presidente, me procurou com um projeto mais sério, e eu entrei em contato com o Juan, então zagueiro, e ele endossou aquilo que eu já tinha percebido: que a coisa estava mais organizada e profissional no time do que da primeira vez que eu havia conversado com eles.

Fui ao Brasil em meados de 2016 para passar uns dias de férias, mas o presidente do Fener disse que eu nem precisava me reapresentar mais, mesmo tendo mais um ano de contrato para me pagar. Passei os valores para o Flamengo, o clube foi bem claro sobre a realidade do que podia oferecer. Retornei para me apresentar na Turquia com uma decisão: se fosse para voltar ao Brasil, seria pelo Flamengo, e dei

---

[27] SENHOR do tempo. Intérprete: Charlie Brown Jr. Compositores: Chorão; Heitor Gomes. *In*: Imunidade musical. Rio de Janeiro: EMI Music Brasil, 2005. Faixa 8.

minha palavra sobre isso, mas pedindo um tempo para verificar como seria esse meu retorno.

Contudo, a recepção no Fenerbahçe foi péssima. O presidente não queria que eu voltasse, me deixou no banco, então eu aproveitei para conhecer o país, a cultura, tudo que aquele lugar maravilhoso me oferecia, mas sempre houve um clima tenso em relação a isso também. Eles não queriam que eu saísse da cidade nem aos finais de semana de folga, e eu fazia questão de ter liberdade na minha vida pessoal, o que deixava uma tensão no ar.

Eu sempre busquei ser profissional nas relações com meus superiores, e acho que isso é imprescindível em todo ambiente que se deseja ter sucesso. Veja bem, a hierarquia é importante, mas o respeito é uma via de mão dupla, não vai apenas em uma direção. Assim, quando o presidente começou a tentar se intrometer inclusive em meus momentos de folga, eu senti que não daria mais.

A relação foi se desgastando e eu não tinha mais como ficar no clube. Em determinado momento, ele me chamou na sala da presidência e tivemos uma grande desavença sobre as expectativas do time sobre mim e as minhas sobre o time. No fim, nenhum dos lados estava feliz com o resultado do outro e eu o avisei que só sairia se fosse para o Flamengo, e que ele teria de cobrir pelo ano de contrato ainda vigente.

Isso se tornou um pesadelo, porque eu não queria abrir mão dos meus direitos, algo que ninguém jamais deveria fazer. Tenta de lá, tenta de cá, o Fenerbahçe não queria pagar, até que o irmão do presidente me ligou e disse:

— Diego, vou tirar do meu bolso para pagar o que resta deste último ano de contrato, mas você nem deve mais falar com meu irmão. Você sempre foi profissional aqui, então vou te pagar e você segue sua vida.

Enfim, chegou o momento da despedida. É engraçado como pensamos que, numa situação assim, vamos dizer adeus correndo, mas há muito mais em jogo numa profissão do que a relação chefe-subordinado. Veja bem, eu havia feito laços com os outros jogadores, e lembro-me de que dei presentes para todos como forma de agradecimento. Eu aprendi muito com meus colegas, com aquele novo país e povo, foi uma aventura que valeu muito a pena, me enriqueceu como pessoa, assim como a minha família.

No mundo do futebol, como em qualquer empresa, o seu time acaba se tornando sua família. É com ele que você passa grande parte do seu dia, compartilha seus temores, suas dificuldades, suas habilidades, e assim cria-se um laço muito especial que carregamos por toda a vida.

Porém, depois de doze anos de Europa, era o momento de jogar novamente no Brasil. E no dia 19 de julho de 2016 começou minha trajetória no Flamengo, e a história da volta da minha família ao nosso país de origem!

VAMOS VIVER NOSSOS SONHOS, TEMOS TÃO POUCO TEMPO.[28]

28 COMO tudo deve ser. Intérprete: Charlie Brown Jr. Compositores: Chorão; Champignon. *In*: 100% Charlie Brown Jr. – abalando a sua fábrica. Rio de Janeiro: EMI Music Brasil, 2001. Faixa 12.

Bruna Letícia Moura Cunha, esposa de Diego e mãe de Davi, Matteo e Letícia

Conheci o Diego aos 15 anos e logo de cara vi que ele era diferente. Tinha uma personalidade forte e segura, mas também todo o encantamento, a diversão e a leveza que o tornam especial. Isso foi algo que me chamou a atenção, pois havia um equilíbrio entre responsabilidade, comprometimento e diversão ali que era diferente dos outros rapazes da nossa idade.

Casamos depois de nove anos de namoro, seis destes à distância. Ele fechou o contrato com o Porto no meu primeiro ano da faculdade de fisioterapia e foi uma decisão de ambos prosseguirmos juntos, porém cada um com o seu propósito. Tinha tudo para dar errado. O Diego alcançou fama, sucesso, estabilidade financeira, tudo muito rápido, e eu continuei sendo uma universitária, pegando transporte público e me virando com trabalhos temporários.

Quando me formei, decidimos noivar. Na época, ele já estava na Juventus e assim começou a nossa jornada de parceria lado a lado. Dali em diante, decidimos que tudo o que fôssemos viver seria em conjunto. E mantemos nossa palavra até hoje.

Quando as coisas não iam bem dentro dos gramados, havia paz, harmonia e cumplicidade no nosso lar. Lar este que precisou aprender a ser resiliente. Fazer "siesta" na Espanha, comer pepino no café da manhã na Turquia, aprender e reciclar tudo na Alemanha... O retrospecto disso é sempre muito positivo, pois percebemos que a nossa coragem e força sempre eram maiores que os nossos medos e anseios.

Nossa última aventura foi a Turquia. Sou imensamente grata pelos dois anos naquele país. Quanto aprendizado e crescimento! Vimos de perto a migração de sírios para o país e isso nos despertou um senso de comprometimento com aquele momento. Montei um grupo de crianças e dava aulas de inglês na rua mesmo, em um bairro humilde da região. Comecei com duas crianças e após um mês já eram catorze. O inglês era apenas uma desculpa, pois tudo que o Davi aprendia na escola, eu repassava para as crianças.

O Diego, porém, já não estava totalmente satisfeito no seu lado profissional. Faltava algo que, para mim, era bem nítido reconhecer: Diego é um cara que gosta da responsabilidade, do desafio e de ser desafiado. É da sua natureza ser líder e ali na Turquia, por mais positivo que fosse o cenário, alguns hábitos dentro do time não permitiriam que ele aflorasse tais virtudes. Então, chegou a proposta do Flamengo.

Somos uma família aventureira e cada mudança sempre nos trouxe crescimento. O Diego estava em busca de seus sonhos, e o vi resgatar o brilho nos olhos. Assim, voltamos ao Brasil! O Rio de Janeiro foi nossa primeira cidade brasileira como família — até então, nós quatro; hoje somos cinco, com a chegada da carioca Letícia.

Às vezes, entender totalmente o idioma não é muito bom, porque os problemas no Brasil são muito mais nossos problemas do que quando éramos estrangeiros. Porém, o que meu marido começou a construir aqui me dá um imenso orgulho, sei que ele deixará um legado, pois tenho a referência de um homem que é incansável em evoluir, aprender e inspirar!

E eu escolheria mil outras vezes retornar ao Brasil para viver essa linda história ao lado dele!

O REENCONTRO COM O PROPÓSITO

Existem momentos em que a melhor atitude é parar e revisar o que desejamos alcançar. Às vezes, vivemos o dia a dia numa corrida sem destino, e nos vemos insatisfeitos e rebeldes quando sequer sabemos o que queremos para nós mesmos e para quem está ao nosso lado.

Aliar a espiritualidade com a terapia me proporcionou clareza em muitos aspectos, principalmente no profissional, e me ajudou a refletir a longo prazo. Foi um período de autoconhecimento que me mudou muito e me deu mais certeza nas tomadas de decisão que fiz desde então.

Além disso, os muçulmanos me ensinaram muito. Aprendi com eles que, para crescermos, precisamos manter a chama acesa sempre, pois ela nos guiará como um farol. De tempos em tempos, é importante fazer um exercício para clarear os objetivos e visualizar o seu futuro, e eu gostaria de propor esta prática para você neste momento.

Assim, pegue um papel em branco e uma caneta e tire um momento para refletir sobre três pontos:

- O que você está fazendo agora?
- O que você deseja alcançar nos próximos anos?
- Quais são os passos necessários para chegar ao seu objetivo a partir do seu ponto atual?

Você vai perceber se está na rota certa, se precisa fazer uma curva ou se precisa parar tudo e ajustar o GPS. Se sentir que necessita de ajuda, converse com algum mentor, com um terapeuta, com um colega... Procure alguém que possa ser um porto seguro, alguém com quem você pode se abrir sem julgamentos e que tentará lhe ajudar nessa jornada.

Jamais se esqueça de que a vida acontece agora, não amanhã. Enquanto é tempo, vale a pena se desafiar!

CAPÍTULO 11

A resiliência transforma o sonho em realidade

Voltar para o Brasil foi uma das grandes decisões da minha vida. Com o tempo, eu via o Flamengo, os jogos, os estádios lotados, todo aquele ambiente e o comichão de mudar só aumentava. Lá na Europa eu já era capaz de sentir a potência desse time forte, popular, que me dava a sensação de um grande desafio a ser enfrentado. E você já deve ter percebido como eu adoro esse chamado para me provar e crescer ainda mais.

Sempre que me encontrava com o Júlio César ou o Juan, eles eram muito sinceros e falavam que, apesar de a estrutura não ser perfeita, a realização profissional de jogar pelo Flamengo era muito boa. Paralelamente a isso, eu sentia um frio na barriga depois de doze anos na Europa. Afinal, não seria fácil voltar.

Eu vivia muito bem na Europa, todo mundo sabe que a realidade por lá é muito diferente da que temos no Brasil, e isso valia para a minha família também. Nós nos adaptamos às diferentes culturas, aprendemos muitos idiomas e moramos em lugares espetaculares, em que as questões sociais eram outras e a estrutura para a população também era incrível. De alguma forma, venci em todos os clubes pelos quais passei, nem sempre levantando um troféu, mas sempre fui persistente e continuei a crescer, independentemente dos obstáculos.

Em uma leitura recente do livro *A pirâmide do sucesso do treinador Wooden: construindo uma vida melhor*, de John Wooden e Jay Carty,[29] me deparei com uma frase que demonstra muito bem a minha trajetória profissional: "Sucesso é a paz de espírito resultante da satisfação de saber que você fez o possível para atingir o seu melhor". E até aquele momento eu havia vivido daquela maneira, e esperava continuar no mesmo sentido.

Seria uma transição para o nosso país de origem, mas muitas coisas iriam mudar para as crianças, para a Bruna e para mim. Conversei bastante com a minha esposa e sabíamos que seria uma decisão sem volta.

Com meu acerto com o Flamengo, tudo começou a se movimentar e ficava clara a dimensão daquela tomada de decisão. Tudo o que eu fazia tinha uma repercussão muito grande e percebi muito rápido a mudança de cenário nas redes sociais: eu tinha uma grande obrigação

---

[29] WOODEN, J.; CARTY, J. **A pirâmide do sucesso do treinador Wooden**: construindo uma vida melhor. São Paulo: BV Films, 2012.

pela frente, precisava fazer o torcedor brasileiro me aceitar e admirar, agora em solo nacional. Eu sabia que seria preciso buscar a minha melhor versão física e psicologicamente, mas era exatamente essa sensação que eu procurara e que não encontrara nos últimos anos na Europa, a sensação de me esforçar para chegar ao limite.

Nunca deixei de ser profissional, mas por um curto período na Turquia eu vivi a impressão de que se as coisas não dessem certo, eu pegaria minhas malas e iria embora para casa. No Flamengo, não. Seria uma frustração muito grande se desse errado. Todo mundo acompanharia de perto, é meu país, são meus compatriotas. Tudo isso fez com que eu me preparasse ao extremo.

De cara, a recepção foi algo que superou todas as minhas expectativas. Estava em Ribeirão Preto e fretei um voo para o Rio de Janeiro por conta própria para viajar com toda a minha família. A expectativa era grande pela recepção no aeroporto Santos Dumont. Meu assessor, Rafael Cotta, falava que tinha muita gente, mas eu jamais conseguiria mensurar que seriam tantas pessoas assim. Quando pisei no saguão, ouvi um barulho e comecei a imaginar o que estava acontecendo. Eram centenas de torcedores!

Ao sair do setor de desembarque, tinha um mundaréu de luzes, câmeras, a multidão gritando. Era um puxa daqui, dali, bota boné, tira boné, os seguranças me escoltando... Só tinha sentido algo perto disso na Europa enquanto eu estava na Juventus, com uma torcida também muito calorosa. Foi um início muito legal no clube.

Fomos abrindo caminho lentamente, buscando a van que me esperava, mas não dava para chegar até ela. Foi então que o assessor de imprensa do Flamengo, Reyes, disse que o carro dele estava mais acessível. Quando chegamos perto, entendi que precisava retribuir aquilo tudo e tive a ideia de subir na roda do carro para dar um alô para o pessoal. Depois, já dentro do carro, a multidão pulava no capô! Era uma festa enorme, e eu senti que estava verdadeiramente de volta ao Brasil.

Você já reparou como muitos famosos chegam ao Brasil e ficam impressionados com o nosso calor, a nossa energia? Pois é. Na Europa existe, sim, muito carinho, muita admiração, mas preciso confessar que não existe nada como aqui, principalmente quando você é brasileiro. Acredito que somente nós podemos entender completamente o que é esse amor, porque nós mesmos nos sentimos dessa maneira.

Um estrangeiro se impressiona com o brasileiro, mas ele desconhece esse sentimento que nós carregamos em nosso coração. Eu valorizo muito essa sensação e foi uma grande felicidade ter voltado a vivenciá-la novamente.

No mesmo período, meu nome voltou a ser pauta em todos os programas esportivos, e começaram a debater se eu merecia tanta agitação. Comecei a ser questionado e julgado antes de entrar em campo, afinal, foram doze anos na Europa, totalmente fora do foco nacional, e ao voltar todo mundo estava desconfiado se eu seria capaz. E esse sentimento somente fortaleceu a minha vontade de mostrar o meu valor.

Claro, muitos questionavam que aquele menino da Vila não havia alcançado tudo o que se esperava dele no início de sua carreira, quando começou a aparecer ali no Santos. E admito que tive momentos de frustração, sim, por ter mirado alto demais para o meu potencial, mas não foi porque não alcancei todos os meus sonhos que eu me desestabilizei ou deixei de continuar almejando muitas coisas. Isso faz parte do processo, principalmente quando se está em foco.

Um texto do jornalista Rica Perrone[30] me marcou na época e dizia que aquela percepção de frustração partia muito do que os outros possam ter idealizado para mim, não pelo que eu conquistei ao longo da carreira. A sensação sempre foi de um ciclo bem-sucedido na Europa! Olhe só para os jogadores famosos que as pessoas insistem em julgar por um ou outro momento de suas carreiras. Ronaldinho Gaúcho, o Neymar atualmente... Pelo amor de Deus! Os caras disputaram Copa do Mundo, jogaram nos melhores times que existem, e por um momento difícil na carreira, que acontece com todo mundo, sofrem críticas como se fossem os piores jogadores.

Eu entendo esse olhar do fã que deseja sempre o melhor para o time e se decepciona muito quando o ídolo não se mostra à altura. No entanto, eu, como profissional, sempre me blindei para não deixar esse sentimento de insatisfação me dominar, afinal eu sabia que estava entregando o melhor que podia em cada jogo, em cada clube.

---

[30] RICAPERRONE. Justifica-se a euforia?. **Canal do Rica**, 21 jul. 2016. Disponível em: https://www.ricaperrone.com.br/justifica-se-a-euforia/. Acesso em: 24 ago. 2021.

Porém, era isso que as mídias questionavam de mim naquele momento, e tudo isso me deu uma amostra do que enfrentaria no Brasil, então me preparei muito bem em todos os sentidos antes de chegar ao Flamengo. Falei com o Rodrigo Caetano, diretor executivo do Flamengo na época, que não era para ter pressa para a estreia e o fundamental era iniciar essa história bem, voando. Ele conseguiu controlar para que tudo acontecesse no momento certo, fizemos um planejamento e decidimos que o jogo contra o Grêmio, no dia 21 de agosto de 2016, em Brasília, seria o primeiro passo ideal. Foi um início espetacular dentro de campo, com 2 a 1 para nós, e eu estava totalmente adaptado ao Rio de Janeiro, com minha família adorando tudo e já bem estabelecida no novo lar.

Os planos do Flamengo eram ambiciosos e isso me marcou muito ainda na assinatura do contrato. Os dirigentes falavam sobre quanto aquela contratação era representativa, falavam de Zico, de metas, mas eu logo os interrompi. Eu não queria deixar a expectativa lá no alto para o público, precisava que as coisas acontecessem naturalmente, deixar margem para surpreender, e eles me compreenderam. Ter margem para surpreender é importante. Naquele ano, a meta seria se classificar para Libertadores; no ano seguinte, brigar pelos títulos; e gradativamente o orçamento seria maior para investimentos que levassem o Flamengo ao sucesso – o que realmente aconteceu. Por isso, respeito muito a gestão do Eduardo Bandeira de Mello. Eles cumpriram tudo o que me falaram naquele dia e respeitaram os meus limites, assim como os do clube.

Quando cheguei, o centro de treinamento ainda tinha instalações de contêiner, a grama era de uma cor amarelada, mas internamente dava para ver que o clube era organizado. O Doutor Márcio Tannure, chefe do departamento médico, me apresentou tudo o que tinha à disposição, e comentou que a cultura do futebol brasileiro ainda não era de fazer alguns tipos de treinamentos. Conversamos e falei do meu projeto de viver no Flamengo a melhor fase da minha carreira. Lembro-me de que era uma época em que eu fazia treinos extras com trabalho de força e que a maioria dos jogadores queria passar longe desse tipo de esforço. Aos poucos, fomos mudando essa mentalidade e construindo algo em conjunto.

Mudar aos poucos a mentalidade do time em que você está inserido demanda muita confiança mútua, companheirismo e dedicação.

Quando as pessoas enxergam que o que você está propondo realmente gera valor, elas se motivam para fazer o mesmo e se esforçam para colaborar com a sua proposta de mudança de tática. Isso foi fundamental em meu período no Flamengo e para tudo o que conquistamos, e começou com algo simples: a minha postura dentro e fora do campo.

Terminei a temporada como melhor meia do Brasileirão, um reconhecimento muito grande, e meu nome voltou a ser cotado para a Seleção brasileira, o que aconteceu em janeiro de 2017. No Flamengo, no primeiro semestre, ganhamos o Campeonato Carioca contra o Fluminense, o que foi muito importante, mas eu sofri uma lesão no joelho que me tirou de algumas partidas da Libertadores. Ainda assim, era muito enaltecido, as pessoas falavam do peso da minha ausência na eliminação e tudo mais. Com a chegada do treinador colombiano Reinaldo Rueda, melhoramos como equipe no segundo semestre e chegamos às finais da Copa do Brasil e da Copa Sul-Americana.

Até ali, havia certo exagero nesse lado positivo, pois passava a sensação de que o momento da consagração tinha chegado antes mesmo do que programamos. Na semifinal da Copa do Brasil, com o Maracanã lotado, num jogo truncado contra o Botafogo, fiz o gol decisivo e tudo parecia caminhar para os títulos. No primeiro jogo da final, contra o Cruzeiro, fizemos um jogo muito bom no Rio e empatamos por 1 a 1. Na grande final, em Belo Horizonte, o time deles não tinha problema em deixar o tempo passar, e assim ficou no 0 a 0 e fomos para os pênaltis. O que pouca gente sabe é que o Rueda fez a lista dos cobradores e me deixou de fora. Não me colocou entre os cinco, mas eu queria bater e pedi para participar.

Ele tirou o Réver para me colocar, mas eu perdi o pênalti e perdemos o título. Soltei o pé no meu canto de segurança cruzado, e o Fábio fez a defesa. Depois do jogo, o Juan me falou: "Você não lembra que treinávamos pênalti com o Fábio lá na Copa América de 2004? Ele sabia como nós batíamos. Por isso, eu mudei. Eu sabia que ele ia no seu cruzado".

Pela minha posição de protagonista, a vontade de fazer acontecer era grande. Não me arrependo da minha decisão. Eu era o cobrador oficial de pênaltis e a responsabilidade foi depositada em mim desde o início, eu precisava assumir aquele papel. Ainda fui eleito o melhor jogador da competição, mas nada amenizou a derrota e o começo da pressão.

Procurei manter a mentalidade que externei lá no início com os dirigentes. Por maior que fosse o baque, estávamos no caminho certo e me mantive resiliente em relação ao que queria construir para a minha carreira e para o clube. Brigamos pelo título brasileiro em um ano, disputamos finais importantes no ano seguinte, e consegui logo recuperar o equilíbrio.

> **CADA UM TEM SUA HISTÓRIA. EU TÔ AQUI PRA APRENDER, NÃO PRA JULGAR. QUEM PODE ME JULGAR, QUEM?** [31]

Com o passar do tempo, cultivei essa imagem de um jogador que não se escondia em momentos importantes. Essa era uma percepção importante que queria passar para as pessoas: que eu tinha a coragem para seguir em frente com toda a força. Acabamos esse Brasileirão de 2017 em sexto lugar e nos classificamos direto para a Libertadores, novamente com a responsabilidade de cobrar um pênalti.

Não se omitir em momentos de decisão, por mais que exista a desconfiança externa ou que fatos recentes o coloquem em xeque, é fundamental na consolidação de um bom profissional. Esse é o conceito de resiliência, adaptar-se ao que foge do roteiro programado e seguir no caminho. O gol de pênalti no último minuto da última rodada foi decisivo não somente para a vaga na Libertadores, mas também para virar a página do que aconteceu naquele jogo no Mineirão. No ambiente profissional, errar faz parte, mas a consequência não pode ser a desistência.

Chegamos para a final da Sul-Americana contra o Independiente, da Argentina, num estágio da temporada em que tudo estava à flor da pele. Faltava serenidade para encarar aquele Maracanã cheio e manter

---

[31] O PREÇO. Intérprete: Charlie Brown Jr. Compositores: Chorão; Luiz Carlos Leão Duarte Jr.; Marco Antônio Valentin Britto Jr.; Renato Pelado; Thiago Castanho. *In*: Preço curto... prazo longo. [s.l.]: Virgin, 1999. Faixa 6.

a estratégia, então perdíamos o rumo muito facilmente. Quando tomávamos um gol em outros jogos, era cada um por si. Não por egoísmo, mas talvez por desespero, querendo fazer acontecer de qualquer jeito.

Fizemos 1 a 0, mas cometemos um pênalti e o Independiente fez 1 a 1, então tudo se perdeu ainda no primeiro tempo. Não conseguimos trabalhar de maneira coletiva calmamente. Foi uma quarta-feira, dia 13 de dezembro, em que o Rio de Janeiro ficou caótico por causa daquela partida. Não tínhamos noção da seriedade de tudo que acontecia ali fora, com invasão de torcida, pancadaria, ação da polícia. Sabíamos da nossa responsabilidade, mas não conseguimos desempenhar o que podíamos e perdemos dentro do Maracanã.

Mais uma vez, senti a mira da responsabilidade sobre mim, e não poderia ser diferente, uma vez que isso acontece com todos que estão na linha de frente do combate. E por mais que a sensação seja a de que se está no caminho certo, as pessoas querem ver resultados, não ideias. O balanço era positivo, era um time muito bom que foi campeão carioca, chegou a duas grandes finais, mas os torcedores não viam aquilo externamente. Internamente, tínhamos o respaldo e a proteção da diretoria. É preciso manter a serenidade em momentos em que a percepção externa conflita com a convicção de que o sucesso ainda está em construção.

É muito mais fácil se posicionar nos momentos de vitória do que nos de derrota. É ao perder que o profissional é avaliado e demonstra realmente quem é. E eu nunca vi naquele grupo um jogador fugir da responsabilidade. Não conseguimos controlar o resultado nem o desempenho do adversário, mas conseguimos controlar a nossa percepção de trabalho no dia a dia. Internamente, havia cobrança, claro, mas ninguém nunca jogou a toalha nem se deixou levar pela derrota. Não havia transferência de responsabilidade dentro do grupo. Todos sabiam que estávamos em um momento de reconstrução. Perdemos duas finais? Sim, mas estávamos construindo um time vencedor e era questão de tempo para que os títulos chegassem.

Foi um início de ano difícil em 2018. Para mim, tudo isso ainda foi somado com a autocobrança do sonho de ser convocado para defender a Seleção na Copa do Mundo. O que me confortava muitas vezes era que, dentro do Flamengo, não tinham nada para falar contra mim. Podiam até questionar em determinado momento o meu desempenho, mas o comportamento de dar o meu melhor, juntamente da mentalidade de alcançar o que parecia impossível, recebia o reconhecimento merecido. Meus colegas e gestores viam o meu esforço, se espelhavam nele, também se esforçavam, e juntos passamos pelo momento de provação não de cabeça baixa, mas mirando sempre o horizonte.

Um dos momentos mais complicados aconteceu antes de um jogo contra o Ceará, em Fortaleza, quando os torcedores foram protestar no aeroporto e eu fui o alvo principal. Deu uma assustada quando chegamos e lembro-me de olhar a janela que fica no teto do ônibus pensando em sair por cima para evitar aquilo tudo. Desci naquele empurra-empurra, havia muitas câmeras e foi uma situação que despertou em mim o sentimento de que eu não podia parar. O Denir, massagista, já com quase 70 anos, teve uma atitude que me marcou muito ao se colocar entre mim e os torcedores para me proteger. Eu não estava fazendo nada de errado e não podia me intimidar por aquela situação. Fui para o jogo com o pressentimento de que ia arrebentar.

Admito que essa postura de enfrentar com força total qualquer outra força contrária pode sair pela culatra algumas vezes, mas era algo que me movia adiante na época. Quanto mais vaiavam, mais eu pegava a bola de propósito, ia lá perto da área buscar. Era a minha maneira de mostrar que eu não concordava com aquele julgamento e não me omitir também era uma resposta.

No Castelão, ainda no aquecimento, os milhares de torcedores do Flamengo que estavam no setor de visitantes começaram a gritar meu nome em um momento que me deu muita força. Machuquei o joelho ainda no primeiro tempo, senti que tinha um problema no ligamento colateral. O treinador Maurício Barbieri perguntou se eu queria sair, mas eu disse que não iria deixar o jogo. Vencemos por 3 a 0 e fiz o terceiro gol de cabeça em uma jogada que não participava normalmente. Espontaneamente, corri o campo todo e pulei para abraçar os torcedores na arquibancada. Depois, dei um depoimento muito verdadeiro, apesar de toda a dor pelo julgamento que vivia na época:

— Nada vai mudar. Eu amo esses torcedores. Se for necessário andar escoltado com a minha família para seguir defendendo o Flamengo, farei.

Como diz o princípio de Peter Parker, o Homem-Aranha: "Com grandes poderes vêm grandes responsabilidades", e eu vivenciei muito isso nessa época do Flamengo. Nós éramos um time que vinha fazendo muito barulho e era a nossa responsabilidade atender às demandas do torcedor, do clube e até mesmo do campeonato. A torcida existe para nos cobrar essa atitude, assim como clientes, acionistas e outras pessoas que estão envolvidas em todo e qualquer projeto ou serviço prestado – e cabe a nós atender às expectativas existentes. Eu jamais deixaria de lutar pelo time por estar chateado com o meu resultado. Pelo contrário, sempre busquei fortalecer minhas energias e entregar cada vez mais.

Essa é a atitude que difere um profissional de alta qualidade: a busca incansável pelo desenvolvimento constante, apesar de todas as pedras pelo caminho. Foi assim que me guiei a vida toda: resiliente e com o sonho da vitória em mente.

> **NA PAZ, NA MORAL, NA HUMILDE, BUSCO SÓ SABEDORIA, APRENDENDO TODO DIA. ME ESPELHO EM VOCÊ, CORRO JUNTO COM VOCÊ, VIVO JUNTO COM VOCÊ, FAÇO TUDO POR VOCÊ.** [32]

Ao longo da temporada chegou o Dorival Júnior para comandar a equipe nos meses finais do Brasileirão. Mas perdi essa estreia dele no time por conta de uma lesão muscular que sofri no jogo contra o Corinthians, em São Paulo. Foi a primeira vez que tive a minha condição de titular questionada no Flamengo.

O time começou bem com o Dorival, vencendo as primeiras partidas enquanto eu e o Diego Alves estávamos fora. Quando me

---

[32] SENHOR do tempo. Intérprete: Charlie Brown Jr. Compositores: Chorão; Heitor Gomes. *In*: Imunidade musical. Rio de Janeiro: EMI Music Brasil, 2005. Faixa 8.

recuperei, o treinador me chamou à sala dele para uma conversa em que me elogiou muito, até que disse: "Então, estou numa situação difícil. Você é titular no meu time, não vai ser reserva, mas nesse momento não tenho como te colocar de volta. O time está bem." Eu respondi que não concordava, pois era um jogador titular há anos e havia sido afastado por conta de uma lesão. Eu entendia que o time estava bem, mas achava que ele deveria tentar me encaixar para ver como ficaria, pelo menos.

O Dorival vinha me falar que doía o coração dele precisar liderar daquela maneira, mas não enxergava uma brecha para me colocar. Fiquei entre os reservas por quatro partidas, sempre entrando no segundo tempo, e arrebentava nos treinos, sem nunca me conformar com aquela situação. Foi assim até que retomei minha condição de titular nas quatro rodadas finais do Brasileirão.

Acabou que tudo isso foi fundamental coletivamente. Sinto que ganhei uma credibilidade grande com meus companheiros nesse episódio. São esses momentos com obstáculos que colocam você à prova e mostram quem realmente é. Por isso, falo que já vivi de tudo dentro do Flamengo – e isso inclui períodos difíceis.

Falo com propriedade que o time enxergou como fui fiel aos meus princípios e valores mesmo quando fui escrachado pelas pessoas, e, como já contei anteriormente, essa postura demonstra poder e motiva quem está ao seu redor a fazer o mesmo. Foi um período em que conquistei muito respeito dos meus companheiros de time e que me mostrou como é importante sempre se manter fiel a quem você verdadeiramente é.

Comecei 2019 com uma proposta excelente do Orlando City, dos Estados Unidos, mas eu tinha muito claro o sonho de que seria um ano importante para o Flamengo. O clube contratou grandes jogadores como Gabriel, Arrascaeta, Bruno Henrique... Por mais que externamente houvesse quem pensasse que eu ficaria fora dos planos, minha sensação era diferente: quanto mais forte a concorrência, maior seria a minha motivação. O time se fortalecia, a competitividade era elevada, e todo mundo seria melhor em campo.

É engraçado como, na vida, espera-se que a gente recue diante de pessoas que parecem mais fortes do que nós. O empreendedor e palestrante americano Jim Rohn tem uma teoria que diz que somos a média das cinco pessoas com quem mais convivemos,[33] ou seja, você aprende, desenvolve e performa de acordo com as pessoas que estão ao seu redor. É por isso que hoje muitos mentores recomendam: nunca seja a pessoa mais inteligente do grupo porque, se você for, não terá como aprender e se desenvolver para além do patamar já alcançado.

Com esse pensamento a respeito da concorrência forte ser positiva, conversei com Abel Braga, que era o treinador na época, para entender o que ele pensava para mim naquela temporada. Eu não seria só mais um no elenco pela condição alcançada até ali, e ele foi objetivo: "Conto com você, mas faça o que for melhor para sua vida". Essa resposta não clarificou muito a situação, e o Flamengo me chamou para discutir a renovação.

De cara, falei que não abaixaria o salário e que precisava ser valorizado. Era importante sentir se eles me queriam ou não, e foi uma situação em que realmente fiquei contra a parede. O Orlando City aumentou a proposta três vezes, e em determinado momento parecia que estava tudo certo para eu seguir por aquele caminho. Certa noite, fui até dormir achando que já estava de saída do Flamengo. Entretanto, foi quando me lembrei da Juventus, de tudo que aconteceu em 2010, de quando eu optei por sair e depois vi que a continuidade seria o melhor caminho. Assim, chamei o Bruno Spindel, diretor executivo do Flamengo, e falei que diante do cenário atual eu iria embora. Ele me pediu alguns minutos e retornou cobrindo a proposta dos norte-americanos. Fechamos a renovação e um alívio de certeza tomou conta de mim.

Iniciamos uma temporada com todo mundo feliz, mas em desequilíbrio com o desempenho. O Arrascaeta começou a ficar no banco, existiam muitos ataques de fora, e houve tensões internamente, com uma sensação de que as coisas no Flamengo só davam certo com muito esforço. O ambiente pesou e a diretoria trocou o Abel Braga pelo Jorge Jesus.

---

[33] SILVA, T. Você é a média das cinco pessoas com quem passa mais tempo. **Startupi**, 15 fev. 2018. Disponível em: https://startupi.com.br/2018/02/voce-e-media-das-cinco-pessoas-com-quem-passa-mais-tempo/. Acesso em: ago. 2021.

Foi o momento da virada, em que as coisas começaram a se encaixar rumo a uma temporada histórica, e eu, individualmente, precisei lidar com desafios para realizar tudo que sempre tive a convicção de que ia acontecer desde a minha chegada no time. O maior deles: a fratura no tornozelo que falamos no início deste livro.

ESSA É A ATITUDE QUE DIFERE UM PROFISSIONAL DE ALTA QUALIDADE: A BUSCA INCANSÁVEL PELO DESENVOLVIMENTO CONSTANTE, APESAR DE TODAS AS PEDRAS PELO CAMINHO.

Arthur Antunes Coimbra, Zico, o maior ídolo da história do Flamengo

Sempre achei o Diego um cara diferenciado, principalmente porque, além de toda a qualidade técnica, ele sempre se demonstrou voltado para a coletividade. Teve sucesso quando começou no Santos e representou muito bem o futebol brasileiro na Europa. É um cara que a gente aprende a respeitar com o passar do tempo na profissão.

Quando o Flamengo demonstrou interesse por ele, fui procurado para passar informações, já que ele estava no Fenerbahçe, clube no qual fui técnico. Quando começaram as sondagens, fiz contato com meu intérprete na Turquia e só recebi elogios. Na época, ele não estava com muitas oportunidades, mas nunca deixou de cumprir com suas obrigações para com o clube. Se o treinador não o aproveitava, problema dele. Passei as informações para o Flamengo e fiquei muito feliz pelo acerto.

No Flamengo, o Diego sempre demonstrou sua capacidade. É um jogador importante, participativo, e em nenhum momento se esquivou das responsabilidades. Com o amadurecimento, cresceu ainda mais. É um jogador que passou por problemas e sempre se superou. Passou por diversos tratamentos de machucados e sempre mostrou vontade de superação. Quando a pessoa é assim, Deus ajuda.

É um cara com quem eu sempre me dei bem, sempre o respeitei, e torço muito pelo sucesso dele. Construiu uma família maravilhosa que está a seu lado em todos os momentos e desejo que continue assim. Que ele possa dar sequência na vida e agradeça por tudo que conseguiu na carreira. O que ele escolher para o futuro, espero que tenha o prazer e a satisfação que tem no futebol.

Neste livro, fica marcada para sempre a história de um grande jogador e um grande profissional.

PAPO DE VESTIÁRIO

Ao longo desse período da minha jornada, pude aprender como os nossos valores e discursos são testados a todo momento. Quanto mais você se posiciona e é fiel ao que acredita, mais será questionado e testado. Isso é desagradável muitas vezes, mas faz parte do processo de evolução e crescimento em qualquer cenário profissional.

Esses testes são parte fundamental na construção de quem queremos ser e do que desejamos entregar para quem está conosco nessa empreitada. Existe, claro, a necessidade de adaptação, mas isso jamais mudará quem você é, apenas a sua estratégia para agir de acordo com o que acredita.

Um vencedor não se constrói depois da grande vitória. Ele é desenvolvido muito antes, um pouco a cada pequena conquista pelo caminho. E isso nos coloca de frente com situações em que a capacidade de resiliência é fundamental. A realização é muito valiosa? Sim! Mas tudo que nos leva até ela vale ainda mais. Vale porque é algo permanente, é algo que você desenvolve dentro de si para a vida toda.

Na maioria das vezes, você não estará 100% seguro de suas escolhas. Mas permanecer fiel aos seus valores, lá no fundo, é o que o protegerá durante essa jornada em busca de sua melhor versão.

Decidir seguir em frente é parte fundamental das realizações, é o único caminho possível para a realização plena e aprender a superar as derrotas e frustrações será fundamental para te fazer um verdadeiro campeão.

CAPÍTULO 12

Reinventar-se para continuar vencendo

A parte mais importante para se recuperar de uma cirurgia, como a que eu fiz para operar o tornozelo, não está nos medicamentos nem no repouso, mas na mente. Foi um período em que minha fé me sustentou muito. É preciso estar convicto de que se pode superar aquele desafio e se tornar mais forte do que está no momento atual.

Por mais turbulenta que fosse a realidade imediata quando perdemos para o Emelec na primeira partida das oitavas de final da Libertadores, havia um indicador de que o trabalho caminhava para o resultado positivo desde a chegada de Jorge Jesus. Era a peça que faltava naquele longo processo de reestruturação e modelagem de um Flamengo vencedor. O momento chegou para todos que pavimentaram o caminho para um time campão. Para mim, porém, a maior das batalhas estava somente começando.

Quando aconteceu comigo, foi uma daquelas lesões que poderia me tirar da temporada. Mas eu tinha muito claro do que queria viver aquele momento em minha vida, e isso me impulsionou à medida que as coisas davam certo para o Flamengo dentro de campo.

Vi de casa a classificação no jogo de volta, já no pós-operatório. Meus companheiros fizeram uma homenagem com a minha camisa 10 e tudo foi muito emblemático, pois um dos pênaltis desperdiçados pelos equatorianos foi justamente do Dixon Arroyo, o jogador que dividiu a bola comigo no lance da lesão.

Fiquei muito feliz com a classificação, as homenagens, mas depois toda essa situação passou a ser difícil para mim. Assistia aos jogos em casa, com a perna para cima, e pensava que eu não estava tendo a oportunidade de viver tudo aquilo que lutei tanto para fazer acontecer. Eu tinha a convicção de que, se não fosse a cirurgia, eu estaria em destaque naquele time, por mais que fosse um elenco só de feras. Foi um momento de reflexão muito grande e em que precisei me blindar muito das opiniões externas.

Em nossa jornada, sempre vamos encontrar quem não corre ao nosso lado, e houve quem falasse que o time havia melhorado com a minha ausência. Precisei manter a mente muito focada em minha recuperação para não me abalar com esses comentários, e sempre que eu ficava para baixo, me recolhia no quarto em um momento de contemplação e alinhamento mental

Eu tinha certeza de que Deus não ia ficar lá em cima me fazendo sofrer no sofá. Ele estava me preparando para algo sensacional, um caminho melhor, que talvez eu não compreendesse de imediato, e esse pensamento me ajudou muito durante todo o processo que passei em casa.

Comecei a colocar na cabeça o meu retorno, que ia fazer o gol do título, e a acreditar naquilo que eu estava profetizando. Foi quando o Rafael Winicki, meu preparador físico e um cara para quem eu tiro o chapéu, me abraçou na busca pela recuperação. Pessoas assim, que se arriscam por você, precisam ser valorizadas.

Na primeira vez que ele chegou em casa e meteu a mão no meu pé, já falou que estava melhor, que estava evoluindo. Era tudo que eu precisava ouvir, embora eu sequer soubesse se era verdade ou apenas para me motivar. Logo no início da recuperação, peguei o calendário de jogos e tracei uma meta para me nortear durante o processo: a volta aconteceria no dia 23 de outubro, no segundo jogo da semifinal da Libertadores. Peguei o telefone, liguei para o Dr. Tannure e avisei que trabalharia para isso. Era um objetivo ousado, mas ter um foco é fundamental para alcançar qualquer patamar acima do que já estamos.

Demos continuidade aos trabalhos com todo o acompanhamento do Flamengo e, com o suporte do Rafa, começamos a filmar a minha recuperação, o que depois resultou no documentário *Mosaico*, disponível no YouTube. Fui vivendo intensamente as etapas e meu corpo correspondeu de acordo com o meu esforço. A fé foi o meu maior aprendizado nesse período, e foi quando desenvolvi minha capacidade de acreditar no que não estava diante dos meus olhos. Foi difícil, pois sou um cara que gosta de estar no controle de tudo, então foi preciso ter muita paciência. Paralelamente a tudo isso, o time conquistou um sucesso imenso.

Para assistir ao documentário *Mosaico* na íntegra, basta apontar a câmera do celular para o QR Code ao lado ou acessar o link **https://youtu.be/aWPLVKFksXs** e aproveitar!

Foi um período em que a figura do Jorge Jesus também serviu como apoio. Apesar de uma ou outra pessoa no clube duvidar do que aconteceria, em momento ele algum colocou em dúvida a minha importância como atleta, e isso me motivava enquanto eu repetia para mim mesmo: "Eu vou jogar! Eu vou jogar! Eu vou jogar!".

Porém, acredite, nem todo mundo vai sempre torcer para o seu melhor resultado, e você não pode ficar esperando por isso para encontrar a motivação necessária para seguir em frente. Essa força precisa nascer de você, ser algo genuíno em que você realmente acredita.

Você vai precisar das pessoas para alcançar o seu melhor, isso é um fato, e todo apoio que vier externamente deve ser muito bem-vindo, mas ninguém tem a obrigação de sonhar junto de você e contribuir para que se concretize, isso é sua responsabilidade. Quando você quer e dá o primeiro passo, as pessoas vão aparecer para colaborar, mas tudo deve começar a partir de você para dar certo, esse é o processo natural do ser humano.

Eu passava o dia todo pensando no que fazer para acelerar minha melhora, e no decorrer do processo pessoas foram surgindo para me incentivar. Era muita coisa que precisava encaixar durante a recuperação para dar certo, foi um período de muito esforço e dedicação física e psicológica. Em muitos momentos, eu caminhei na minha, no meu ritmo, mas sempre com foco na melhora. Um dos meus maiores momentos nessa jornada foi a minha primeira volta ao Ninho do Urubu para correr no campo. Foi surpreendente para todos, inclusive para mim mesmo.

> **TOMO CUIDADO PARA QUE OS DESEQUILIBRADOS NÃO ABALEM MINHA FÉ PARA EU ENFRENTAR COM OTIMISMO ESSA LOUCURA.** [34]

De uma lesão que tinha previsão inicial de cinco meses para retorno, consegui ficar à disposição no jogo contra o Fluminense, pelo Brasileirão, no dia 20 de outubro, 88 dias após a fratura! Ainda não entrei em campo, mas nunca me faltou apoio do torcedor nem dos colegas de time. Nesse jogo, senti a felicidade de todos por eu estar ali novamente.

Três dias depois, o jogo que eu projetei lá atrás chegou: 23 de outubro, semifinal da Libertadores contra o Grêmio. A primeira partida terminou empatada por 1 a 1, e eu sabia que para ter a oportunidade de entrar seria apenas se acontecesse uma goleada. Lembro-me de que depois do terceiro gol, todo mundo estava comemorando, e o Jorge Jesus virou para mim:

— Diego, vai aquecer!

Foi uma emoção muito forte, todos os jogadores pararam o aquecimento e ficaram me encarando. Foi uma atitude muito nobre dos meus companheiros que estavam torcendo pelo meu grande momento. O Filipe Luís de dentro de campo gritava: "Bota o Diego! Bota o Diego!". O Jorge Jesus me colocou, e é um dos motivos pelos quais eu amo esse cara. Não apenas por esse momento, também porque ele é um profissional que me deu demonstrações muito humanas e bonitas ao longo de todo o tempo em que trabalhamos juntos.

Entrei no lugar do Gerson, aos quarenta e um minutos do segundo tempo, ovacionado pela torcida. No fundo, o que as pessoas querem é que você não desista, e sempre procurei atender essa confiança.

---

[34] PONTES indestrutíveis. Intérprete: Charlie Brown Jr. Compositores: Chorão; Thiago Castanho; Heitor Gomes; Pinguim; Edu Ribeiro. *In*: Ritmo, ritual e respostas. Rio de Janeiro: EMI Music Brasil, 2007. Faixa 1.

Os jogadores em campo tiveram atitudes lindas. O Everton Ribeiro me passou a faixa de capitão, o Gabi se aproximou para me dar um abraço, o Pablo Marí me procurava em campo, tocando a bola para mim, e quase marquei um gol. Vencemos por 5 a 0, classificamos o Flamengo para uma final de Libertadores após trinta e oito anos, e depois do jogo todos vieram me abraçar. O Filipe Luís foi um cara fundamental nesse processo de recuperação. A todo instante se mostrou presente, preocupado, companheiro. Ele sofreu uma lesão similar no Atlético de Madrid, pouco antes da Copa do Mundo de 2018, e o testemunho de quem tinha conseguido se recuperar a tempo de realizar um objetivo importante também me alimentou fortemente durante a minha caminhada.

O jogo contra o Grêmio me traz recordações incríveis. Foi um dos mais importantes da minha vida. Passou um filme rápido na minha cabeça e agora vinha o passo seguinte: ser importante para o time, o processo de convencimento de que eu estava ali para competir de verdade, para fazer a diferença.

A dor me acompanhou por um longo período ainda. A confiança do Jorge Jesus foi essencial por ele ter me colocado para jogar, para ganhar ritmo e por me escalar como titular. Ele começou a me cobrar muito e isso foi bom para mostrar que eu tinha que corresponder à altura, como qualquer outro jogador.

Com a maturidade que alcancei, consegui desfrutar muito desse momentos. Aprendi que o caminho é o mais gostoso e, apesar de saber que não seria titular da Libertadores, acreditava que iria entrar no decorrer, e sentia um frio na barriga por essa expectativa.

O River Plate, nosso rival, era um timaço e eu precisava estar inteiro. Hoje, vejo os vídeos e reparo que eu ainda mancava, tinha limitação na mobilidade, mas eu busquei tanto aquele momento, pensando em Deus e acreditando que tudo daria certo, que nada poderia me parar. Confie em mim, a situação perfeita não existe. O que existe é a oportunidade e precisamos fazer acontecer no momento que ela se mostra para nós.

Era uma final histórica. A primeira final em jogo único da Libertadores. O Flamengo estava há trinta e oito anos esperando aquela chance, mas não podíamos deixar a expectativa nos pressionar. O River fez

1 a 0 no primeiro tempo e no intervalo fiz um discurso muito motivador para o time justamente sobre isso:

— Não devemos pensar nesses anos em que o clube ficou na fila. Isso não é culpa nossa. Nossa oportunidade está aqui. E outra: estaremos de volta a esta mesma situação em breve. Esta é a nossa realidade agora. Vamos jogar, tirar o peso desta partida.

Dava para sentir claramente a tensão do jogo pelos torcedores, mas aquelas palavras, juntamente das orientações do Mister, nos tiraram um pouco o peso das costas e nos entregaram clareza no jogo. Mesmo no banco de reservas, eu tinha certeza do que precisava fazer dentro de campo, e o Jorge Jesus me chamou para entrar no lugar do Gerson aos vinte minutos do segundo tempo. Fui para campo com muita vontade de competir.

Você sabia que há estudos que indicam que 55% da nossa comunicação é a partir da nossa postura corporal?[35] O corpo fala, e eu sempre acreditei muito no poder da postura. Ao entrar em campo, assim como em uma reunião de negócios, precisamos mostrar uma postura de liderança, de vencedor, para conquistar o respeito de quem está ao nosso redor. Isso é muito importante e nos ajuda alcançar os resultados que desejamos, pois quem está ao nosso lado, inconscientemente, acaba agindo de acordo com a mensagem que nosso corpo está expressando.

E o que faz a grande diferença é justamente o equilíbrio entre emoção e razão, pois não adianta nada entrar com toda a pompa e começar a gaguejar ao seu apresentar. Todo o conjunto importa e, naquele jogo, eu decidi entrar com muita força.

Em alguns momentos tínhamos certa dificuldade porque o River era uma grande equipe, mas, inexplicavelmente, nunca pensei que fôssemos perder aquela partida. Tinha a sensação de que empataríamos e daria tudo certo. E estava tão focado no jogo que quando falaram que o empate saiu aos quarenta e três minutos do segundo tempo, eu me surpreendi. Dentro de campo, achava que ainda faltavam uns

---

[35] MÁRCIA. Linguagem do corpo comunicação além das palavras. **Administradores.com**, 17 abr. 2019. Disponível em: https://administradores.com.br/artigos/linguagem-do-corpo-comunicacao-alem-das-palavras. Acesso em: ago. 2021.

vinte minutos.

Naquele lance, eu fitei os olhos do Pratto para prever qual seria a tomada de decisão e consegui interceptar o passe com o carrinho. O Bruno Henrique teve muita calma, conseguiu equilibrar emoção e razão, deu o passe de volta para o Arrascaeta e o Gabriel fez o gol. Tivemos um momento rápido de vibração, mas sem perder a concentração. Lembro-me de que quis que a bola fosse para o meio de campo logo para buscarmos a virada. Quando olhava para o outro lado, dava para ver que o River tinha jogado a toalha – mais uma vez, o corpo fala, e os jogadores oponentes me passavam aquela mensagem com a sua postura. Ali, eu sabia que a bola só tinha que voltar para perto do gol deles que íamos vencer a partida.

Quando houve a nova saída e o Gabi fez o sinal com a mão pedindo a bola na frente, eu só pensava em fazer a bola chegar até ele. Aprendi ao longo da carreira que a energia do jogador conta muito. O Gabi tinha acabado de empatar a partida, estava perto da área. Então, bola nele, era o momento dele. Fiz o lançamento e o Gabi chutou. Quando a bola entrou, a sensação foi de êxtase puro.

Tenho a cena de todo mundo correndo, gritando, sem camisa, jogadores chorando em campo, mas ainda faltavam alguns minutos, não podíamos arriscar um empate. Me deu um "clique" de que não podíamos perder a concentração e saí puxando os jogadores. Vitinho, Filipe Luís, Rodrigo Caio... eu só falava: "Volta! Volta! Volta!". O River botou algumas bolas na área, mas conseguimos tirar todos e fomos campeões.

Quando acabou o jogo, a sensação principal foi de alívio. Foram muitas tomadas de decisão, muitas coisas vividas para estar ali e era necessário ser assim. Eu precisava ser importante naquele título participando diretamente da vitória, caso contrário ficaria incompleta toda aquela história de superação. Eu não marquei o gol que eu queria muito, mas colaborei com o time nas minhas jogadas e com um discurso que, de alguma forma, impactou meus companheiros, além de contribuir com um lançamento preciso que culminou na virada. Foi tudo perfeito e até hoje eu me impressiono ao lembrar-me de como consegui chegar lá com tanta assertividade.

> **"QUEM É DE VERDADE SABE QUEM É DE MENTIRA. NÃO MENOSPREZE O DEVER QUE A CONSCIÊNCIA TE IMPÕE. NÃO DEIXE PRA DEPOIS, VALORIZE A VIDA."** [36]

Na sequência, confirmamos o título do Brasileirão em meio a toda aquela festa. Fomos para o Mundial de Clubes já com a certeza de que éramos um time diferenciado, que marcava a história do futebol brasileiro e do sul-americano. Quando um time se torna vencedor, principalmente após um processo que demandou muito esforço, a mentalidade muda e fica ainda mais poderosa. E nós estávamos vivendo essa experiência naquele momento.

A temporada de 2019 me proporcionou muitos aprendizados. Não somente pela lesão, mas pela capacidade de me reinventar. E em 2020, já com o Rogério Ceni como técnico, continuei meu trabalho forte com o time. Mantive minha forma de ser, contribuindo muito nos bastidores com posicionamentos que me faziam me sentir importante. Mas também vivemos momentos de crise, de dificuldades como grupo, e me deparei com mais uma questão de importante mudança na minha carreira.

Papo vai, papo vem sobre a situação do time, Rogério disse que não poderia me tirar de campo após uma grande atuação diante do Goiás e me perguntou se eu conseguia fazer a posição de primeiro volante. Era uma função com a obrigação defensiva que eu jamais tinha desempenhado na carreira, mas toda aquela jornada de me reinventar, me transformar, havia feito a diferença na última temporada, então encarei o desafio e disse que estava pronto para fazer o que

---

[36] PONTES indestrutíveis. Intérprete: Charlie Brown Jr. Compositores: Chorão; Thiago Castanho; Heitor Gomes; Pinguim; Edu Ribeiro. *In*: Ritmo, ritual e respostas. Rio de Janeiro: EMI Music Brasil, 2007. Faixa 1.

fosse necessário para ajudar. Dali para frente, o Flamengo melhorou, voltou aquele brilho no olhar, meus companheiros me ajudaram muito na nova função e fomos campeões do Brasileirão novamente.

Esse desafio serviu muito de aprendizado. Precisar me posicionar, me expor, assumir o risco de uma nova função e controlar todo o meu ímpeto de querer ter a bola, dar o último passe. O primeiro volante tem muita responsabilidade defensiva e foi preciso mudar a minha mentalidade. Nessa jornada, mais uma conquista: o título do Campeonato Brasileiro, o quarto da minha carreira, no dia 26 de fevereiro de 2021, contra o São Paulo, no Morumbi.

Foi uma fase de autoconhecimento e reflexão muito importante. O mesmo Morumbi onde eu estive aos 11 anos e recusei uma proposta do São Paulo. O mesmo Morumbi onde eu fui campeão brasileiro pelo Santos em 2002. E agora novamente naquele palco, campeão já aos 36 anos, desempenhando uma nova função. Fui o mais novo campeão brasileiro da história em 2002, com 17 anos, pelo Santos. Depois o mais velho do elenco do Flamengo campeão, em 2020, com a camisa do time, no mesmo estádio. Tinha virado um jogador diferente, mas ainda importante para o time.

É uma sensação de que tudo valeu a pena. Todas as dores e alegrias da trajetória, as tomadas de decisão. E a certeza de que tudo que vier pela frente será para completar ainda mais essas conquistas.

Em momentos como esse, passa muito pela nossa cabeça o significado de legado. De compartilhar uma história de sonhos, de resiliência, de capacidade de se reinventar para seguir o mais alto nível como profissional. Tudo isso sem perder o entusiasmo, que é fundamental para a alta performance. Sinto-me um jovem, e o desejo de passar esta mensagem de conduta profissional foi o que nos trouxe nessas tantas páginas até aqui.

Foi uma altura da carreira em que eu desenvolvi uma nova maneira de ser importante dentro de campo. Com o tempo, fui perdendo minha potência na arrancada, não tinha mais a energia da juventude, mas consegui entregar o meu valor de outras formas: com meu conhecimento, com o espírito de equipe e com apoio certo para todo o time performar bem. Eu estava em outro momento da minha carreira, equilibrava meu papel quase que como um mentor, por compartilhar experiência, e um jogador que precisava se manter em alto nível como atleta. Essa mudança no meu modo de agir foi fundamental para o nosso resultado conjunto.

É preciso encontrar soluções para você ser diferente, e com o Jorge Jesus eu achei taticamente as que buscava para resolver situações que passavam a ficar mais difíceis. Foi um treinador que canalizou minha força e potencializou uma coisa que o tempo me deu: a experiência. Ele uniu essas situações, eu me adaptei bem e consegui desenvolver capacidades defensivas que passariam a ser cada vez mais importantes. Passar por esse processo foi primordial.

É um trabalho importante rever seus valores e entender que um dos grandes propósitos de um profissional também é fazer com que as pessoas ao seu redor rendam mais, potencializando as virtudes do outro. Eu tinha minha carreira consolidada, queria continuar jogando, e adquiri o prazer de impactar na performance do companheiro. Quando eu não jogava, tentava com palavras. Quando jogava, essa nova posição me preenchia de alguma forma.

Essas habilidades desenvolvidas são dominantes para que você continue como peça importante na engrenagem. O mais desafiador é seguir vencendo, e isso é o que sempre queremos. Para ter essa longevidade, é preciso entender que a expectativa e a responsabilidade aumentam, e que é preciso continuar a fomentar atitudes de alto valor em todos ao seu redor.

O mais importante é ter em mente que a maior vitória está na busca incansável e diária pela nossa melhor versão. Essa é a atitude que nos levará ao pódio e, quando você chegar lá, verá que a pessoa que você se tornou durante a caminhada é o melhor troféu que se pode conquistar.

ESSE DESAFIO SERVIU MUITO DE APRENDIZADO. PRECISAR ME POSICIONAR, ME EXPOR, ASSUMIR O RISCO DE UMA NOVA FUNÇÃO E CONTROLAR

TODO O MEU ÍMPETO DE QUERER TER A BOLA, DAR O ÚLTIMO PASSE. O MAIS DESAFIADOR É SEGUIR VENCENDO, E ISSO É O QUE SEMPRE QUEREMOS.

Filipe Luís, amigo e companheiro de clube no Atlético de Madrid e no Flamengo

Quando o Diego chegou ao Atlético de Madrid, em 2012, eu já estava lá. No time estavam os brasileiros Diego Costa e Paulo Assunção, mas eu andava muito mais com os espanhóis. A partir do momento em que o Diego chegou, junto do Miranda, ele me trouxe para perto mesmo sem me conhecer tão bem.

Tínhamos jogado juntos na Seleção olímpica com o Dunga, quando ele fez questão de me conhecer. Eu vi que nossa personalidade, forma de pensar e inquietudes da vida eram muito similares. Viemos de famílias parecidas, com educação rígida, e vimos que a nossa amizade ia perdurar no tempo.

Para a amizade ser selada para sempre, ela passou por dois estágios: a dificuldade, com o time mal e passando por troca de treinador; e depois quando fomos campeões juntos. O futebol une as pessoas. Ele era como um amigo da vida inteira, um irmão, tínhamos a obrigação de nos ver toda semana, um passar na casa do outro, assistir ao jogo juntos, comentar juntos.

Acompanhei o amadurecimento do Diego como jogador e como pessoa. Ele antes era um jogador mais individualista. Como atacante, queria sempre dar um drible, uma assistência, fazer um gol, um grande lance. Mas conforme ele foi crescendo, vi uma parte de liderança.

Quando cheguei ao Flamengo, vi um Diego que só pensa na equipe e a coloca em cima de todo o resto. E ele transmite isso para o grupo. O exemplo que ele dá não é com palavras, mas com atitudes.

O respeito que ele tem é imenso. Vejo um Diego líder em campo, fora de campo e na vida. É um pai de família exemplar, tem as ideias muito claras, foca o correto sempre, tem uma lealdade imensa, é amigo dos amigos. Não tenho outra coisa para falar que não sejam palavras de admiração.

Ele é a grande cabeça, literalmente (risos), desta equipe. Sabe o que falar em cada momento. Eu amo esse cara e espero viver sempre ao lado dele no futebol. Ele tem tudo para se tornar um técnico, um auxiliar técnico, um diretor... Tudo que ele se propor a fazer.

VAMOS PARA O JOGO

Olhando minha trajetória hoje, vejo que muitas vezes precisamos nos reinventar para entender que há várias maneiras de nos fazer importantes. O crescimento profissional contínuo é um processo que demanda respeito aos nossos valores, atitude de campeão, clareza de objetivos e compreensão de que cada patamar de nossa carreira exigirá uma mudança de comportamento.

É preciso aprender que o sucesso coletivo vale muito mais do que o interesse individual, e que a maturidade nos conduz por um caminho de reflexão sobre quais as melhores estratégias para serem executadas. É necessário caminhar para longe da euforia juvenil, da excitação com o sonho iminente, e em direção à concretização com foco em cada passo necessário, rumo ao objetivo seguinte.

Não adianta de nada querer saltar daqui até um ponto longínquo. O mais importante da vida são as pequenas vitórias que você colecionará pelo caminho. Amigos, família, mentores, viagens, quedas, recuperações, fé... Isso é a verdadeira felicidade.

O sonho nada mais é do que um horizonte que demanda uma caminhada com várias paradas para retomar o equilíbrio, revisar o mapa, beber uma água e contemplar as conquistas até então.

Já o caminho que vem pela frente trará conquistas e objetivos maiores, e ficará cada vez mais alto, com um horizonte cada vez mais colorido a frente.

O MAIS IMPORTANTE DA VIDA SÃO AS PEQUENAS VITÓRIAS QUE VOCÊ COLECIONARÁ PELO CAMINHO.

R10 DIEGO RIBAS

Eu não poderia deixar passar a oportunidade de compartilhar com você ainda mais conteúdos, histórias e novidades que estão por vir. O crescimento pessoal e profissional é uma constante em nossa vida e, para que você acompanhe meus outros projetos e se enriqueça com um conteúdo que preparei com toda a dedicação para auxiliar em sua própria jornada, compartilho abaixo a minha página. Para acessar, basta escanear o QR Code com a câmera de seu aparelho celular. Você será redirecionado para um espaço pensado especialmente para os leitores desta obra, pessoas que estão comprometidas a vencerem nos momentos decisivos de suas vidas.